"...os que trabalham para o bem dos outros encontrarão a felicidade."

Provérbios 12:20

MUDE SUA VIDA EM 50 DIAS

QUE TAL COMEÇAR AGORA?

FRANCISNEY LIBERATO

MUDE SUA VIDA EM 50 DIAS

QUE TAL COMEÇAR AGORA?

3ª edição

EDITORA IMPETUS

Niterói, RJ
2020

Editora Impetus Ltda.
Rua Alexandre Moura, 51 – Gragoatá – Niterói – RJ
CEP: 24210-200 – Telefax: (21) 2621-7007

Projeto Gráfico: Editora Impetus Ltda.
Editoração Eletrônica: SBNigri Artes e Textos Ltda.
Capa: Bruno Pimentel Francisco
Revisão Ortográfica: Carmem Becker
Impressão e Encadernação: Editora e Gráfica Vozes Ltda.

L695m

Liberato, Francisney.

Mude sua vida em 50 dias... / Francisney Liberato. – 3. ed. – Niterói, RJ: Editora Impetus, 2020.

160 p.; 14 x 21 cm

ISBN 978-65-86044-09-6

1. Motivação. 2. Autoajuda. I. Título.

CDU 159.947

www.impetus.com.br

SUMÁRIO

APRESENTAÇÃO

Seja bem-vindo(a) ao desafio de mudar a sua vida em 50 dias, obra que tenho muito orgulho de compartilhar com você. Este livro é fruto das minhas reflexões, a partir de experiências vividas no meu cotidiano, pois acredito que nada é tão nosso e tão real como as nossas experiências. O que exponho aqui, primeiramente, serviu para o meu aprendizado e evolução enquanto ser humano, e que agora divido com você que deseja imergir neste maravilhoso e complexo cenário que é a vida.

Todos os capítulos estão estruturados da seguinte forma: introdução, desenvolvimento e conclusão. Em cada texto procuro estimulá-lo a fazer uma reflexão sobre o tema central do artigo e ainda sobre os temas periféricos.

Por que "50 dias"? Em minha teoria, fragmento o número 50 da seguinte maneira: o número 0 representa o início ou reinício de um percurso, que no contexto das reflexões refere-se a nossa jornada desta vida. Já o número 5 representa o meio, isto é, o equilíbrio, ou a distância dos extremos, que nada mais é do que capacidade de se manter em equilíbrio. Em síntese: inicie ou reinicie a sua vida de forma equilibrada.

Outra proposta aliada ao número 50 é de fazer com que inicie e termine a leitura deste manual em 50 dias. Em menos de dois meses terá concluído a leitura desta obra.

Cada capítulo, intitulo de meta, portanto, teremos 50 metas a serem cumpridas, até a conclusão da leitura deste livro.

Seguem algumas dicas para um melhor aproveitamento desta leitura: leia um capítulo (meta) de manhã, reflita sobre o texto lido durante o dia e, se for necessário, releia novamente à noite, para assimilar o máximo da aplicação do texto. Esse exercício diário de leitura tem como objetivo despertar em você, leitor, uma mudança de comportamentos e a adoção de hábitos equilibrados e saudáveis.

Desejo que a leitura deste livro provoque em você as mudanças que provocaram em minha vida, nos aspectos pessoal e profissional, além de atitudes mais proativas.

Boa leitura!

META 1/50

FEITO É MELHOR QUE PERFEITO

Faça e vá se aperfeiçoando.

Na história do chamado de Moisés relatada no livro do Êxodo, Capítulo III, uma das mais impressionantes que já ouvi, o povo de Israel estava oprimido e sofrendo como escravo no Egito. Deus apresenta-se a Moisés por intermédio de um arbusto que queimava, mas não se consumia pelo fogo. O convite foi feito para que Moisés fosse o libertador do povo de Israel e conduzisse o povo para uma terra boa e com fartura.

"Vá, pois, agora; eu o envio ao faraó para tirar do Egito o meu povo, os israelitas". Moisés, porém, respondeu a Deus: *"Quem sou eu para apresentar-me ao faraó e tirar os israelitas do Egito?"* (Êxodo 3:10,11). O episódio do texto continua com Deus desafiando Moisés para ir em seu nome, que tudo sairia conforme o prometido.

Não obstante, a resposta de Moisés foi *"Ah Senhor! Peço-te que envies outra pessoa"* (Êxodo 4:13). Noutras palavras, Moisés estava pedindo para que Deus enviasse outro líder, visto que ele não se achava preparado e qualificado o suficiente para conduzir o povo durante a peregrinação no deserto.

Será que muitas vezes somos iguais a Moisés? Quem sabe imaginamos que não estamos preparados? Muitas pessoas esperam estar plenamente preparadas para fazer algo na vida.

Perfeccionista! Segundo o dicionário eletrônico "www.dicio.com.br", perfeccionista é uma "*pessoa que busca realizar tudo com perfeição; quem age com excelência e com o maior apuro possível. Que se refere ao excesso de perfeição na realização de alguma coisa; relacionado com o perfeccionismo*".

Não espere ser perfeito para fazer algo. Perfeito é Deus e somente Ele! Por mais que você estude, trabalhe, jamais saberá de tudo e conhecerá todas as coisas. Sócrates disse: "Quanto mais você sabe, mais você percebe que nada sabe". Um detalhe interessante é não se comparar com as outras pessoas, pois sempre encontraremos indivíduos melhores do que nós, e isso pode atrapalhar a nossa motivação. Compare-se consigo mesmo e busque sua melhor versão constantemente.

Quem pensa muito faz pouco. Boa parte das pessoas é procrastinadora, ou seja, são indivíduos que vivem adiando a execução de suas tarefas. Pensar faz bem e, aliás, muito bem, no entanto, o excesso de pensamentos sem execução nos deixa com baixa realização de atividades. Com o tempo, percebemos que ficamos frustrados com a vida, pois produzimos muito pouco; para ilustrar, seria igual ao cachorro que tenta pegar o próprio rabo.

Faça e vá se aperfeiçoando. Entendo que é preferível executar tarefas que não fazer nada! No início, pode ser que até não tenha a perfeição desejada, todavia, o ato de fazer vai nos moldando e, consequentemente, aperfeiçoando nossos trabalhos e atividades. Não defendo a ideia de fazer de qualquer jeito ou, ainda, fazer por fazer, mas de dar o primeiro passo na execução do que deseja até que isso se torne uma excelência.

Há anos pensava em escrever artigos semanalmente, entretanto se tratava apenas de pensamentos vazios e teóricos, nada de prática. Então resolvi escrever e, com o tempo, percebi que isso foi me moldando a cada palavra pesquisada e escrita. E ainda continuo me aperfeiçoando.

Feito é melhor do que perfeito. Você acha que o Facebook e o Instagram estão perfeitos e acabados? Em meu aparelho celular, constantemente recebo mensagens informando que os aplicativos necessitam de atualização, ou seja, estão continuamente se aperfeiçoando. Deixo a dica: Faça sempre atualizações na sua vida, mesmo que ainda não seja "perfeito".

Assim, espero que você faça mais e pense menos, pois feito é melhor do que perfeito. A ação cura o medo e desconstrói pensamentos de comparações e inseguranças quanto ao que se pretende realizar. Apesar de Moisés relutar em aceitar o desafio de libertar o povo de Israel, ele aceitou e o fez, mesmo tendo inúmeras falhas. Semelhantemente, como Deus ajudou Moisés, ainda hoje Ele diz: *"Eu estarei com você!"* (Êxodo 3:12). Lembre-se que o progresso contínuo, planejado e metódico é superior à perfeição.

META 2/50
#UMPASSODECADAVEZ

Alcance os seus objetivos quando quiser, #UmPassoDeCadaVez.

Quer alcançar os seus objetivos? Quer viver de forma tranquila executando as suas metas? Por que ter metas inalcançáveis? Muitos se frustram por não conseguir obter resultados na vida.

Antes de tudo, é imprescindível que você decida se mover, isso em qualquer aspecto da vida, no trabalho, vida pessoal, escolar. Como já dizia Platão: "Tente mover o mundo – o primeiro passo será mover a si mesmo".

Chamo atenção para o fato de traçar objetivos considerando as suas necessidades básicas: trabalho, estudo e relacionamentos, para que assim consiga construir algo que seja possível e real.

Costumo postar em minhas redes sociais a expressão #UmPassoDeCadaVez, pois entendo que devemos **dar o primeiro passo e depois o segundo, o terceiro e assim sucessivamente.**

Não adianta darmos passos de forma abrupta, ansiosa, sem organização, pois dessa forma apenas percorreremos o trajeto como um "Cavalo Paraguaio", sem, contudo, alcançarmos nossos objetivos.

Tenho visto indivíduos frustrados por não saberem executar metas, desejosos de conquistar seus sonhos, porém sem planejamento ou dando passos demasiadamente largos.

#UmPassoDeCadaVez, uma pequena conquista a cada etapa e assim alcançaremos tudo o que sonhamos e almejamos.

Um detalhe importante: dê o seu melhor ao executar uma tarefa e, mesmo que isso não seja o suficiente, recomendo que faça e se aperfeiçoe.

Assim, pratique e obtenha os resultados que deseja, siga esses passos, simples, mas de grande valia: #UmPassoDeCadaVez.

META 3/50

NÃO COMECE O SEU DIA PROCRASTINANDO

Não deixe para depois o que tem de ser feito agora.

Em novembro de 2018, planejei assistir um grande evento automobilístico de Fórmula 1, na cidade de São Paulo. O voo de ida para o local do evento estava agendado para 5h40, e eu como de costume acionei o despertador no aplicativo do meu celular para acordar às 4h. O dia anterior à viagem foi muito corrido e estressante, portanto, eu estava cansado. Um detalhe interessante é que a música do despertador é a mesma do toque do meu celular.

Quando o despertador tocou no horário programado, apertei a função soneca. Você sabe o que significa a função soneca? É aquele momento em que não quer acordar, mas o despertador toca e você aperta algum botão no aparelho para que ele prorrogue o tempo, ou seja, mais cinco ou dez minutos, dependendo de como programou essa função no seu aparelho.

O despertador tocou novamente e eu acionei a função soneca; outra vez a música é tocada e eu prorroguei o tempo, pois estava muito cansado e precisava descansar. Resumindo a história: a música do despertador foi tocada diversas vezes e naquele momento percebi que havia recebido diversas ligações e não as atendi pelo fato de a música de toque do celular ser igual à da função soneca.

Acordei assustado e com a minha consciência pesada por ter descumprido o que havia combinado comigo mesmo, que era de levantar quando o despertador tocasse. Eu achava que poderia dominar o tempo naquele momento, mas infelizmente não foi o que ocorreu. A função soneca tocou diversas vezes e recebi diversas ligações do meu primo Robson Siqueira que iria viajar comigo para São Paulo. E quando retornei as ligações, o primo disse: "Cadê você? Já estou dentro do avião! Corra, quem sabe você consiga pegar o voo".

Quando vi o horário, pensei: "Perdi a viagem, que tristeza!", pois além de desperdiçar o voo perderia também o ingresso, a reserva do hotel, além de deixar de desfrutar de momentos únicos e espetaculares de assistir um campeonato mundial de carros de alta velocidade.

Mesmo assim, persistente como sou, coloquei a primeira roupa que vi na minha frente, fechei a mala, esqueci alguns objetos, porém corri para o carro e saí desesperadamente acelerando a uma altíssima velocidade para tentar chegar a tempo ao aeroporto e não perder o voo. Resumo da ópera: fui o último passageiro a entrar no avião. Ufa, consegui! Mas a tensão, a preocupação e o estresse foram altíssimos.

Essa narrativa da viagem meio maluca é para demonstrar o poder negativo que a procrastinação exerce em nossas vidas, pois **a procrastinação pode fazer com que se sinta culpado por aquilo que planejou**, mas está adiando há muito tempo. Isso pode gerar uma cobrança interna que pode resultar em frustração por não ter ainda conseguido realizar os seus objetivos e metas que propôs para a sua vida.

Não comece o seu dia procrastinando, isto é, deixando para depois, para o amanhã, para a semana que vem o que pode ser feito agora. Alguns dizem: "Quero estudar, mas ainda não tenho tempo, e, quando eu tiver tempo, com certeza serei uma pessoa estudiosa". Tenho uma péssima notícia para lhe dar: esse tal de tempo é relativo porque você é quem faz o tempo, é você que tem o poder de estabelecer o tempo para executar o que foi planejado. Não adie, não procrastine a sua vida, sob pena de ficar estressado e frustrado por não conseguir alcançar conquistas pessoais e profissionais, além de ficar atrasado no tempo.

Qual preço está disposto a pagar para realizar os seus sonhos? Quer ser feliz e realizado sem estresse, ansiedade e tensão? Digo para você hoje: não vale a pena procrastinar! **Destrua a função soneca da sua vida!** Como na minha história, a procrastinação poderia causar um transtorno ainda maior do que foi. Não postergue o que precisa ser feito hoje.

Comece o seu dia sendo resoluto! Guie a sua vida de forma planejada e não dependa da função soneca!

META 4/50
SÓ POR HOJE

Viva a sua vida como uma dádiva divina apesar das dificuldades, nem que seja "Só por hoje" ou "Só por agora".

As associações sem fins lucrativos Alcoólicos Anônimos e Narcóticos Anônimos têm um *slogan* de fácil memorização e impacto positivo no subconsciente dos dependentes de álcool e drogas, com o objetivo de fazer com que os seus pacientes reflitam sobre os seus comportamentos de risco e se curem da dependência e do uso abusivo de álcool e entorpecentes. O *slogan* diz: "Só por hoje".

Se está com baixa autoestima, desanimado, triste e depressivo, não pense em hipótese alguma em desistir da sua vida, apenas pare um pouco, e medite nesta frase: "Só por hoje" eu vou continuar a jornada da minha vida apesar das dificuldades. Quando aparecer a angústia e a ansiedade no seu coração, pense: "Só por hoje" não vou permitir que essas circunstâncias negativas contaminem o meu cérebro e paralisem a minha vida. Quando não tiver mais vontade de estudar e de se qualificar, busque ajuda falando, repetindo e mentalizando: "Só por hoje". E aproveite esses momentos de fragilidade física e emocional para agradecer a Deus por proporcionar a você de forma extremamente amorosa uma infinidade de coisas boas como: a oportunidade de ter uma escola para estudar, professores e toda uma equipe preparada para dar a você apoio pedagógico e auxiliá-lo na sua formação, como também a dádiva da vida, a oportunidade de começar de novo a cada dia, e assim por diante.

Quando não tiver mais o desejo de trabalhar, reflita: "Só por hoje", vou trabalhar, porque sou um privilegiado, pois tenho um trabalho e sou grato por estar empregado, uma vez que muitos brasileiros que têm mais necessidades do que eu estão desempregados. Enfim, faça uma reflexão e pergunte para si mesmo: Quais as áreas da minha vida em que preciso de uma mudança? E a necessidade que tem de encarar a vida de forma mais positiva, com determinação, garra, atitude e confiança, e acima de tudo, que você tenha na sua vida resiliência que o faça superar de forma magistral todos os obstáculos e dificuldades que surgirem na sua caminhada pela vida, sempre não se esquecendo de **repetir rotineiramente o *slogan* "Só por hoje"**.

O advérbio *hoje* está inserido dentro de um contexto, que é o presente, porquanto, quantos indivíduos neste país não gostariam de ter a oportunidade de estar vivendo o presente apesar das dificuldades inerentes à vida? O que dizer para uma mãe que acabou de perder o seu filho? O tempo presente é proporcionado por Deus, eu creio nisso, e é uma dádiva, uma bênção sem medida. Muitos gostariam que os seus entes queridos, amigos, colegas etc. tivessem a chance do presente que você tem.

Cuidado com a mente vazia, pois ela poderá ser prejudicial. E, ainda mais, pode acarretar consequências irreparáveis para o seu presente e futuro, além de atingir os que estão próximos a você, pois a tendência é que da mente vazia brotem pensamentos negativos.

A proposta é termos bons hábitos, entretanto sabemos que isso é uma raridade e vai contra o que a maioria dos habitantes deste mundo tem demonstrado. Também sei que mudar um comportamento, ou um grupo de comportamentos, nem sempre é fácil. Por isso desafio você a pensar de forma diferente para que obtenha resultados diferentes, portanto, faça isso, "Só por hoje", repita amanhã, depois, depois, e até o seu último fôlego de vida.

A técnica do "Só por hoje" busca despertar em você uma motivação extra, com possibilidade de retorno imediato ou em curto prazo. **Ao invés de pensar em mudar os seus pensamentos, atitudes, comportamentos, a médio ou a longo prazo, reorganize o seu cérebro para pensar, agora, "Só por hoje".**

Outra técnica relacionada ao tema é: "Só por agora". Neste caso, você não pensará em tomar decisões demoradas, vai fragmentar isso em instantes, o "Só por agora" dá a sensação de um *feedback* imediato, evitando o surgimento de falhas e procrastinações.

Nesta letra da música do cantor Rodrigo Wegner, ele fundamenta o assunto de forma categórica:

"Deixamos de viver pensando no amanhã
Esquecemos o presente que Deus nos dá
Só por hoje procure o amor
Só por hoje faça alguém feliz
Só por hoje dê o seu melhor
Só por hoje fale com Deus
Às vezes nós perdemos um alguém
Que amamos, mas que nunca o saberá
Por isso aproveite de hoje se dar
Por alguém como Deus o fez por ti e fez por mim."

Por fim, quando um fumante inveterado afirma que vai parar de fumar amanhã ou depois, obviamente ele continuará fumando hoje, visto que o amanhã é distante e o cérebro vai confortar a sua vida inventando mais uma desculpa para não ter tomado a decisão de parar de fumar. Eu o desafio a utilizar as locuções: "Só por hoje" ou "Só por agora" a cada pensamento gerado. Você precisa sempre mudar para não atrofiar a sua vida. Reflita sobre os pontos de mudança que precisa fazer e reafirmo: não deixe para o amanhã, porque talvez ele não chegue até você.

META 5/50

SEJA PRUDENTE AO ENTRAR EM UMA GUERRA

A maior guerra que você precisa vencer é o seu egocentrismo.

Quem não gosta de ser reconhecido como uma pessoa estudiosa, dinâmica e empreendedora? Ou ainda famosa e com capacidade de influenciar comportamentos e opiniões? Dotada de um carisma capaz de atrair e conquistar pessoas e manter com elas relacionamentos interpessoais? Eu creio que a maioria quase absoluta das pessoas idealiza ter essas características em suas vidas, porém, ter tudo isso não é algo fácil, simples, descomplicado e natural. São necessárias algumas condições que requerem esforço, dedicação, força de vontade, disciplina e planejamentos para que esses atributos possam fazer parte da sua personalidade.

O imperador francês Napoleão Bonaparte, uma das personalidades mais emblemáticas da história, foi um líder político, imperador e um estrategista militar. Com sua política expansionista e com o objetivo de fazer da França uma potência econômica e militar, Napoleão conquistou vários países europeus formando o Império Napoleônico. Com as guerras napoleônicas, o imperador foi responsável por estabelecer a supremacia francesa sobre a maior parte da Europa. Criou o código napoleônico com o objetivo de reformar o sistema legal francês, que influenciou na criação de ordenamentos jurídicos ocidentais. Napoleão Bonaparte deixou um legado com influências políticas, econômicas, geográficas e culturais que permanecem até hoje no Ocidente.

É notório que Napoleão Bonaparte estava determinado a conquistar o mundo. Da ganância e ousadia dele, um fato interessante e, ao mesmo tempo, desaforado, foi o de invadir a Rússia em pleno inverno, que, como é conhecido, nesse país o frio é muito rigoroso. Contudo, desprezando o fator climático, enviou para a guerra aproximadamente 600 mil homens. Os russos aplicaram a tática de guerra chamada "Terra Queimada" que consiste em retirar os seus habitantes, destruindo as casas, moradias, fazendas, animais, não deixando nada para os invasores. Os russos recuaram para dentro do território.

O exército napoleônico invadiu a Rússia, mas não encontrou nenhum russo, não achou comida, enfim, além do mais, o frio estava terrível e a consequência disso foi: a derrota do grande imperador Napoleão Bonaparte.

Esses acontecimentos históricos comprovam que nem tudo que existe permanece para sempre. Um dos maiores estrategistas de guerra do mundo foi derrotado e ele jamais imaginaria ser derrotado, ainda mais considerando a força bélica da sua tropa.

Levando-se em conta esse contexto de volubilidade da realidade contemporânea em que vivemos, a Bíblia, em Marcos 8:36, é categórica ao afirmar: "*[...] que adianta ao homem ganhar o mundo inteiro e perder a sua alma?*". Você pode se julgar um indivíduo de sucesso, um líder nato, emocionalmente equilibrado, uma pessoa proativa, invencível, estrategista, inteligente e assim por diante, entretanto, nada disso pode fazê-lo perder a sua salvação, a sua tranquilidade, a serenidade e a paz de espírito tão necessárias neste mundo caótico e estressante em que vivemos.

Suas metas e seus sonhos devem ser planejados e executados com sabedoria, equilíbrio e bom senso, para que obtenha os resultados almejados. É fundamental e necessário não perder a alegria e o bom humor e, acima de tudo, viver a sua vida de forma ética e solidária, para que sempre que for possível possa ter a empatia e o altruísmo necessários para melhorar as condições da existência daqueles que precisam.

Finalmente, não adianta nada ganhar várias batalhas e perder uma guerra. Não adianta conquistar tudo o que sonhou se essa conquista não for feita de forma ética e com amor. Seja cauteloso e moderado ao decidir entrar em uma guerra, não permita que a ganância, a avareza e o egoísmo napoleônicos o impeçam de ter uma vida equilibrada e mais feliz.

META 6/50

ESTUDAR SÓ TRAZ BENEFÍCIOS PARA VOCÊ

Estudar é a chave para transformar vidas.

Dentre as várias opções que estão a seu dispor para que tenha um presente e futuro melhor, uma das mais importantes, necessárias e seguras é o estudo. Creio que a educação é o caminho mais seguro e prático para que progrida tanto em uma carreira profissional de sucesso como também para que obtenha inúmeras vantagens para a sua vida pessoal.

Acredito que o ato de estudar implica necessariamente ter uma boa disciplina, planejamento, força de vontade, pois do contrário você entrará num círculo vicioso de mesmice, falta de perspectivas, desânimo e consequentemente o abandono da sala de aula. Para que essa tragédia não aconteça na sua vida é necessário que estabeleça objetivos e metas para que os seus estudos tenham êxito. Um exemplo emblemático disso é quando decide estabelecer uma rotina sistemática de estudos com o objetivo de ser aprovado em um concurso público. Para que esse objetivo seja alcançado é extremamente necessário e fundamental que metodize um plano de estudos, contendo os seguintes itens: o cargo que deseja disputar, qual o tempo de estudos diário, qual será o seu tempo de estudo líquido, ou seja, o tempo que efetivamente dedicará aos estudos e quais técnicas de memorização utilizará. É necessário também que faça uma pesquisa por bons materiais de estudos, e por fim desenvolva um cronograma diário, semanal, mensal, bimestral, trimestral e assim sucessivamente, para que por meio dessa rotina sistemática e intensa de estudos possa realizar seu sonho de ser aprovado em um concurso público.

Mas atenção: esse cronograma de estudos precisa ser bem planejado e bem executado. Não basta apenas fazer o planejamento de estudos, é importante que faça um monitoramento diário para que esse estudo seja executado na prática. Assim, **planeje, execute, avalie as inconsistências, faça propostas de melhorias e tente novamente.** Essa metodologia é utilizada nas empresas, e é chamada de ciclo do PDCA que visa a utilizar o controle e a melhoria contínua nos processos e produtos.

O ciclo PDCA é derivado das palavras em inglês cujas siglas compõem: P do verbo "Plan", planejar, D do verbo "Do", fazer ou executar, C do verbo "Check", checar, analisar ou verificar, A do verbo "Action", agir de forma a corrigir eventuais erros ou falhas.

Você quer melhorar a sua vida? Quer ter sucesso na sua carreira profissional? Quer ter uma boa condição financeira para que possa ajudar sua família e quem necessitar de sua generosidade e solidariedade? Então o que precisa fazer é: estudar, estudar e estudar.

Atualmente há uma grande mídia com relação aos estudos para concursos públicos, estudar nos dias atuais é amplamente divulgado, mas, em termos de efetividade, percebo que as pessoas gastam muita energia para serem aprovadas em concursos públicos, porém se esquecem de fazer a tarefa diária, que é a de estudar, ou seja, sentar-se na cadeira e dedicar-se a horas de estudos. Quantas horas de estudos são necessárias para que eu seja aprovado? A resposta para essa indagação é relativa, uma vez que cada indivíduo possui as suas particularidades e cada um sabe a quantidade de horas que são necessárias para aprovação em concursos públicos. Quando estudei para concurso público, o máximo que consegui foi estudar 12 horas por dia, exceto nos finais de semana, em um período de 20 dias corridos.

É importante salientar que não existe um padrão de horas de estudos diários ou fórmulas mágicas para que seja aprovado, o importante é que faça primeiramente uma avaliação de autoconhecimento. Agora, é óbvio que quanto mais estuda mais aprende e, com certeza, a disciplina que por algum momento estava confusa começa a clarear conforme for injetando conhecimento no cérebro.

Defendo a tese de que **devemos estudar pelo resto da vida!** Aprendi isso com a minha mãe, pois ela deixava muito claro: "Não importa o que aconteça na vida, nunca deixe de estudar". Essas palavras dela ainda ressoam na minha mente constantemente. A frase de Francis Bacon é emblemática: "Gostaria de viver para estudar e não de estudar para viver". Vale a pena estudar com esmero, dedicação, persistência, amor e alegria.

Estudar por obrigação pode destruir a sua vida. Pode ser que em determinada fase da vida seja necessária a intervenção dos pais, amigos, familiares para que não haja mudanças de objetivos. Mas o ideal é que estude de forma paulatina, de maneira totalmente livre, sem imposições e com autoconfiança.

Não quero, mas sei que preciso. Pode ser que não consiga compreender corretamente essa frase, contudo ela é muito importante, uma vez que nem sempre fazemos o que desejamos. Se a sua dificuldade é de estudar, tenha paciência, persistência e mantenha o seu foco rumo à vitória, em outras palavras, conquiste o seu objetivo.

Essa pode ser uma luta desafiadora para muitas pessoas, entretanto é indispensável ser enfrentada, com intuito de mudar a sua vida, conforme nos ensina o escritor Eduardo Galeano: "Somos o que fazemos, mas somos, principalmente, o que fazemos para mudar o que somos".

Saiba que se alguém que conhece já foi capaz de alcançar o objetivo de ser aprovado em um determinado concurso público, é provável que você também consiga alcançar o mesmo resultado.

Estudar não apenas exercita a mente como também protege de terceiros de má-fé. A Bíblia registra um alerta relevante, conforme relato do livro de Oséias 4:6 *"[...] porque meu povo se perde por falta de conhecimento"*. É muito fácil ser enganado pelas pessoas, meios de comunicação, governo, dentre outros, pela falta de estudo e conhecimento. Perceba que estudar com objetivo é extremamente profícuo, além do mais, vai ajudá-lo a não ser enganado por pessoas de mau caráter.

É possível conseguir uma força extra para os estudos. Deus pode lhe conceder força e vontade de querer mudar essa realidade, veja o que diz o livro de Provérbios 2:3: "*Se clamares por conhecimento e por inteligência, alçareis a tua voz*".

Assim, que você escolha mudar a realidade de sua vida e dos seus familiares por intermédio dos estudos. No começo pode até ser difícil, entretanto, com o tempo, isso vai se tornando normal na sua vida e vai gostando dos livros. É como uma pedra bruta, que no início tem pouco valor, porém com o tempo vai se transformando em uma pedra preciosa, de acordo com o pensador e filósofo chinês Confúcio, que afirmou: "*Estudar é polir a pedra preciosa*".

META 7/50

SPUTNIK MOMENT

A busca por inovação e crescimento deve ser constante.

Você sabe qual país enviou ao espaço o Sputnik, o primeiro satélite artificial, em 4 de outubro de 1957? A resposta é: União Soviética (URSS). Esse evento, considerado um dos mais emblemáticos da história da humanidade, deu início à corrida espacial entre os Estados Unidos e a União Soviética, no contexto da Guerra Fria.

O *Sputnik* (palavra russa para companheiro de viagem) era uma aeronave do programa espacial russo e o seu lançamento ao espaço, como já foi mencionado, ocorreu no período denominado Guerra Fria. A Guerra Fria foi uma intensa disputa e rivalidade política, tecnológica, militar, diplomática e econômica entre as superpotências Estados Unidos e União Soviética. Esse período histórico teve início no final da Segunda Guerra Mundial, em 1945, até a extinção da União Soviética em 1991.

O termo *Sputnik Moment*, cuja tradução é Momento Sputnik, originou-se do fato de a União Soviética haver enviado o primeiro satélite ao espaço, o que levou os Estados Unidos a uma percepção de que estavam atrasados tecnologicamente na corrida espacial em relação ao seu inimigo. Esse pioneirismo espacial russo levou os EUA a uma expansão do seu programa espacial com a criação da Nasa (Administração Nacional da Aeronáutica e Espaço) e pesquisas de desenvolvimento de novas tecnologias para a exploração do espaço. O crescimento da tecnologia espacial americana teve um grande feito, que foi o de levar o primeiro homem à lua.

Após essa contextualização, você irá entender o que significa a expressão *Sputnik Moment*. A técnica do *Sputnik Moment* consiste em quando um país, sociedade, empresa ou você, diante do atraso, desinformação e decadência perante os seus concorrentes quanto a aspectos do desenvolvimento, inventividade, tecnologia e qualificação, é levado a uma busca por novas tecnologias, investimentos em novos produtos e serviços, novas técnicas, novas políticas e novas metas de crescimento pessoal e profissional.

Saindo do aspecto corporativo para a dimensão pessoal, convoco-o a utilizar a metodologia *Sputnik Moment* em algum momento da sua vida, pois a partir disso você investirá em desenvolvimento, aperfeiçoamento, criação etc. O *Sputnik Moment* tem justamente esta finalidade: fazer com que **saia da sua zona de conforto**, que **abandone a mesmice e o atraso**. A técnica do *Sputnik Moment* é o ponto de partida para que não fique estagnado e inerte, principalmente em um mundo em que o progresso, a inovação e a competência são requisitos cada vez mais exigidos. Utilize o *Sputnik Moment* para que possa estabelecer novas ideias e novas metas para sua vida.

O que é necessário para que o *Sputnik Moment* faça parte do seu cotidiano? Essa é uma pergunta que deverá lhe servir como reflexão. Pode ser que você já conseguiu conquistar tudo o que sonhou e por causa disso resolveu ficar estagnado, não tendo mais perspectivas para o futuro. Mas é este o momento em que deve repensar essa atitude, pois, do contrário, o outro, o terceiro ou o "seu inimigo" vai ultrapassá-lo nas conquistas que obteve no passado e, quem sabe, a sua demora de "acordar para a vida" pode ser fatal!

Chegou o seu *Sputnik Moment*, portanto, não desperdice essa chance. Decida aprender um novo idioma, aprender novas habilidades, conhecimento, trabalho, mudar de carreira, criar produtos e serviços, estudos de modo geral, música, esportes, enxergar novas perspectivas, enfim. Não permita que o concorrente mine as suas forças e o destrua. Essa é a faísca que pode tirá-lo do comodismo. O momento é agora!

META 8/50

O PLEBISCITO DA SEPARAÇÃO

Escolha com sabedoria o lado em que vai estar quando vier o momento de decisão.

Em 2017, ocorreu o movimento chamado "O Sul é Meu País", cuja finalidade foi consultar a população de Rio Grande do Sul, Santa Catarina e Paraná sobre a possibilidade de se separar do Brasil. Utilizaram uma consulta denominada plebiscito. A votação teve caráter simbólico, ou seja, sem valor legal. O resultado apontou, em uma dessas pesquisas, que mais de 95% dos moradores dos Estados citados foram favoráveis à cisão.

Esse não foi o primeiro plebiscito realizado pelo movimento "O Sul é Meu País". Em outubro de 2016, outra consulta foi realizada. O resultado foi semelhante, isto é, 95,74% da população dessa região disseram ser favoráveis à separação dos três Estados do restante do país.

Outro episódio recente, em 2017, ocorreu na Espanha. Na região da Catalunha, que é composta por quatro províncias, Barcelona (capital e maior cidade da região), Girona, Lérida e Tarragona, cuja capital e maior cidade é Barcelona, é onde foram realizados manifestações e plebiscitos com objetivo de alcançar a independência.

A Catalunha usufrui de forte autonomia política e é uma região extremamente relevante e importante para o país.

A região tem um governo regional, conhecido como *Generalitat*, com instituições próprias, idioma oficial e uma Suprema Corte.

Ambos os casos citados buscaram o divórcio dos seus países. Existem vários motivos, dentre os quais destaco: econômico, político, idioma, social, enfim.

Não importa o que as pessoas utilizaram como pressupostos para propor a separação, o que precisa ficar muito transparente é que **toda divisão traz consequências, podendo ser boas ou ruins.**

Na nossa vida, normalmente as sequelas da ruptura ou consequências negativas podem durar anos. Ou, quem sabe, em alguns casos, podem se alongar por uma vida inteira. Entretanto, em outros cenários, podemos ter efeitos positivos da decisão, que gerarão grandes benefícios para o presente e futuro.

Entendo que ninguém quer romper com a instituição em que trabalha, o país onde mora, a família que possui, o governo a que se submete. Mas, infeliz ou felizmente, a nossa vida é assim. Chamo a atenção para que, antes de se manifestar, tomar partido, pensar em decidir em desunir, é importante utilizar toda a sabedoria e cautela, pois, do contrário, poderá se arrepender.

Busque o bem comum, use da benevolência e faça todos os esforços necessários para evitar desassociar-se. Não existe ninguém perfeito; nenhuma família imaculada; nenhum país impecável; nenhuma instituição sempre justa. É importante entender que todos temos falhas e imperfeições.

Um dia estaremos diante de situações desconfortáveis, as quais não desejaríamos, mas seremos tentados a promover a separação. O movimento brasileiro "O Sul é Meu País" e o da região de Catalunha, na Espanha, já tentaram diversas vezes divorciar-se dos seus países, contudo, até o momento não houve sucesso nesse posicionamento. Todos têm os seus motivos e argumentos. Avalie com atenção aquilo que lhe trará melhores resultados.

Estamos suscetíveis à separação e ao distanciamento das pessoas, lugares, instituições, dentre outras. O amor é a única maneira que temos para nos manter unidos, quer como indivíduos, organizações ou países etc.

A única pessoa que conheço que jamais nos abandonará é Deus, não importa a situação em que estamos, as decisões imprudentes que tomamos, as forças e poderes que nos humilham e escravizam, nada, indiscutivelmente, nada nos separará do amor de Deus.

Para que possamos superar essas dificuldades, se esta for a sua decisão, é preciso confiar naquele que nos conhece de forma minuciosa e que nos deixou esta esperança descrita em Romanos 8:37-39: "*Mas em todas estas coisas somos mais do que vencedores, por aquele que nos amou. Porque estou certo de que nem a morte, nem a vida, nem os anjos, nem os principados, nem as potestades, nem o presente, nem o porvir, nem a altura, nem a profundidade, nem alguma outra criatura nos poderá separar do amor de Deus, que está em Cristo Jesus, nosso Senhor!*".

META 9/50

ESTRATÉGIAS PARA CONQUISTAR SONHOS

Pense alto, sonhe grande e viva de forma modesta.

Quer alcançar objetivos em sua vida? Tem consciência de que o desafio é grande? Está disposto a encarar? Traçados os objetivos, podemos ter a certeza de que os resultados virão para melhorar a nossa vida.

Você precisa **sonhar grande**. Sonhar não custa nada e pode ser vasto. É por intermédio do sonho que determinamos os objetivos. Quer vencer em alguma área da vida? Quer se formar em algum curso? Deseja obter êxito em provas? Quer viajar conhecendo os países do mundo? Qual é o seu sonho?

Passado o estágio do sonho grande, é necessário **pensar grande**. A sua imaginação deve estar aberta e não ter limites. Use e abuse dela para pensar e estruturar a forma como obter os resultados idealizados.

Na sequência, após ter sonhado, pensado, é vital que **ame grande**. Utilize-se da carga máxima do seu aspecto emocional, seu coração, isto é, do amor. Ame as pessoas, ame os sonhos, ame a verdade, ame a persistência, ame os obstáculos, dentre outros. Você não pode economizar o amor, pelo contrário, deve espalhá-lo do jeito mais amplo possível.

Vencidas as etapas anteriores, agora, temos mais um desafio, que é o de ter coragem. Você realmente tem **coragem** para enfrentar o futuro de cabeça erguida? Muitos vivem sem coragem para viver o presente, são inseguros, têm medo do futuro, têm medo de viver, enfim. Que possamos buscar forças e sabedoria para termos coragem suficiente para elucidar e concluir os nossos sonhos.

Não basta apenas ter coragem para sonhar, viver e sentir. Ainda nos resta **viver pequeno**, em outras palavras, é substancial viver de forma módica, simples, com humildade. Segundo o dicionário eletrônico "www.dicio.com.br", o substantivo feminino humildade, do latim *humilitas.atis*, significa: "Simplicidade; qualidade de quem é modesto, simples, humilde. Modéstia; qualidade de quem tem consciência de suas limitações. Inferioridade; em que há ou demonstra fraqueza diante de algo ou alguém. Acatamento; que expressa submissão em relação aos seus superiores. Sobriedade; escassez de luxo".

Enfim, ter sonhos é possível! E uma forma de estruturar o sonho é: ter, pensar, amar, possuir coragem e, por fim, cultivar a sabedoria de viver pequeno, posso dizer, saber viver de forma simples. Projete um futuro rumo aos resultados, pois vai precisar de muita coragem para dar um passo de cada vez.

O Padre Léo respaldou esse cenário ao mencionar: "*O céu é para quem sonha grande, pensa grande, ama grande e tem a coragem de viver pequeno*". Se, para conquistar o maior e melhor de todos os sonhos, o céu, você precisa manusear essas estratégias, sendo assim, para os demais sonhos, basta aplicá-las de forma simétrica.

META 10/50

300 ANOS

300 oportunidades para construir um futuro melhor.

O que representa para você o espaço temporal de 300 anos? Três séculos são mais do que suficientes para progredir, avançar e evoluir. Embora nenhum ser humano consiga viver tanto tempo, mesmo assim pode observar os acontecimentos do passado e optar por reconstruir uma nova história.

O matemático suíço Leonhard Euler abordou um quebra-cabeças puramente matemático. O enigma resolvido há mais de 300 anos pelo matemático nos permite navegar pela internet, conectando-nos a bilhões de computadores do mundo.

Há mais de 300 anos (no século XVIII), um livro publicado pelo frade franciscano Raimundo Muñoz revolucionou a maneira de cozinhar na Espanha, influenciando os maiores chefs do século XXI, além de ter implantado costumes inovadores como a higiene no ambiente da cozinha.

Os pesquisadores, utilizando a nova tecnologia de medir a idade dos tubarões-da-groenlândia, a datação por "carbono bomba", reorganizaram a idade dos tubarões, concluindo que eles podem viver pelo menos 300 anos, isto é, são os vertebrados mais velhos da Terra.

O período de escravidão no Brasil durou 300 anos. Foi em 1888 que ocorreu a abolição da escravatura. O último país da América Latina a alcançar a abolição da escravatura foi o Brasil.

Também, "300" é o nome do filme de ficção, de muito sucesso, em que o enredo se alicerça em torno do Rei Leônidas, que liderou 300 espartanos na batalha contra o "deus-rei" Xerxes, da Pérsia, e o seu exército invasor com mais de 30.000 soldados.

A capital do Estado de Mato Grosso, Cuiabá, surgiu às margens do rio Coxipó, em 8 de abril de 1719. A ata de fundação foi assinada pelo bandeirante paulista Pascoal Moreira Cabral. Em 2019, Cuiabá insere o seu nome no rol dos 300 anos.

Há controvérsias sobre o nome da origem de Cuiabá. A doutrina mais tradicional nos afirma que veio do local chamado "Ikuiapá", lugar em que os índios bororos pescavam com uma flecha-arpão, que em sua língua chama-se "Ikuia", sendo "pá" o designativo de lugar.

Não podemos nos alongar por crises há mais de 300 anos. O tempo passa, o tempo voa. Chegar aos 300 anos não é apenas um marco irrelevante, mas sim algo que merece todo respeito e destaque por todos. São 300 oportunidades para que os seres humanos possam mudar a forma de viver e pensar, com vistas a alcançar melhores condições de vida.

O momento é de ponderar o crescimento ou os desastres cometidos. A época de grandes bonanças e farturas já se foi, mas ainda assim podemos buscar um futuro áureo.

Não importa se nesse período existiram descobrimentos, guerras, batalhas, filmes, dificuldades, comemorações; o mais marcante é se conceder a oportunidade de refletir e continuar buscando um futuro melhor.

Parabéns! A base do futuro está em olhar para os fatos e eventos do passado com perspectivas de aprendizado e crescimento. A oportunidade está lançada. Deseja pensar, trabalhar, estudar e participar deste "novo" descobrimento e progresso?

META 11/50

COMO É DIFÍCIL SE COMUNICAR

É muito difícil se comunicar, entretanto, pior ainda é não se comunicar.

Como dizia o grande comunicador e apresentador de televisão Chacrinha: "*Quem não se comunica se trumbica*". Como ser humano, você é um indivíduo comunicável e isso o diferencia de um ser irracional, na medida em que desenvolvemos uma linguagem verbal e não verbal, para que possamos nos entender e aos outros.

Por que devo me comunicar? É inegável a importância da comunicação em nossas vidas, visto que ela não o isola do relacionamento interpessoal, além de proporcionar interação, transmissão de ideias, informações, conhecimentos, aperfeiçoamento e aprimoramento de pensamentos. Na frase do velho Guerreiro Chacrinha, está muito clara a importância de se comunicar no sentido de que necessitamos ter uma boa comunicação como um meio de sucesso tanto pessoal como profissional.

A comunicação é algo fácil de ser realizado? Provavelmente a resposta é não, muito embora desde criança você tenha tomado a iniciativa de falar e se comunicar, mas parece-me que com o passar do tempo, conforme vai crescendo e se desenvolvendo, ocorre o cuidado ainda maior das pessoas em se utilizar adequadamente da comunicação. Não é fácil se comunicar, uma vez que normalmente traumas do passado e do presente, a educação recebida dos pais, relacionamentos conflitantes, timidez, fobia social, podem interferir na forma de se comunicar e interagir em grupos sociais distintos como família, trabalho, ambiente escolar.

Como visto, **a comunicação de certa forma não é algo fácil para ser desenvolvido,** mesmo assim, você deve se esforçar para manter uma comunicação que seja a mais saudável possível. A dica, bem interessante, é se colocar na mesma sintonia com as pessoas, isto é: mesmas experiências, conhecimento, personalidade, atitudes, emoções, dentre outros pontos relevantes para se fazer uma conexão.

Os meios de comunicação dispõem de alguns elementos que são indispensáveis para um acertado diálogo, que são: emissor – que é aquele que pronuncia as palavras; receptor – o indivíduo que recebe e escuta as palavras; a mensagem – que é o conteúdo da comunicação, que pode, por exemplo, ser a própria mensagem falada; o canal – que é o meio utilizado para que a mensagem saia do emissor tendo como destinatário o receptor; o ruído que é o elemento que atrapalha na comunicação entre as pessoas, como, por exemplo, proferir a mensagem com palavras truncadas ou de difícil entendimento pelo receptor.

Para que a mensagem seja comunicável e de alta performance, deve haver a responsabilidade das pessoas envolvidas na comunicação, no caso do emissor, ele deve produzir a informação de forma clara, direta, objetiva, sem rodeios, de modo que o recebedor da mensagem possa ser entendido com facilidade. Já o receptor, deve tornar clara a informação para que ela seja recebida e completamente compreendida.

O escritor Ricardo Viana Vargas lembra: *"Um processo de comunicação eletivo é necessário para garantir que todas as informações desejadas cheguem às pessoas corretas no tempo certo e de uma maneira economicamente viável"*. Ou seja, tem que haver viabilidade e efetividade na comunicação.

Ainda posso citar que um dos elementos importantes que estão envolvidos no processo da comunicação é a decodificação da mensagem, noutras palavras, é um procedimento de comunicação o qual permite que o conteúdo recebido pelo receptor seja interpretado de forma correta, e que essa interpretação faça com que o significado dado à mensagem seja igual àquela enviada pelo emissor.

Assim, que você possa se esforçar para se comunicar melhor, que ao falar seja de forma clara e direta com intuito de facilitar a comunicação. Que possa entender melhor a mensagem recebida e evitar os ruídos. Que haja maior sensibilidade no trato com a mensagem e que, por fim, não se "trumbique" nos diálogos da sua comunicação.

META 12/50

MULHER: QUEM É VOCÊ?

Mulher é sinônimo de amor incondicional.

Quem é você, mulher que se formou da costela de Adão? Na criação do mundo, Deus criou o homem do pó da terra e, depois de formado, Ele também criou a mulher, da costela do homem, como símbolo de equilíbrio que deve existir entre ambos.

O objetivo de Deus é que ambos os sexos sejam iguais, mas isso não ocorre na realidade, assim, por exemplo, encontramos discrepâncias sociais e salariais, conforme dados divulgados pela pesquisa do Instituto Brasileiro de Geografia e Estatística (IBGE), que informa que as mulheres ainda ganham, em média, 20,5% menos do que os homens no Brasil.

Quem é você, mulher que consegue gerar filhos? Segundo o Livro dos Recordes, *Guinness Book*, uma russa foi a mulher que mais gerou filhos no mundo, sendo o total de 69, entre 1725 e 1765. Ela era esposa de um camponês chamado Feodor Vassilyev. O nome da mulher se perdeu ao longo do tempo, provavelmente seja o de Valentina Vassilyeva. Não importa a quantidade de filhos gerados, o mais importante é ter o dom da procriação, conforme os ensinamentos bíblicos descritos em Lucas 11:27: *"Feliz é a mulher que te deu à luz e te amamentou"*.

Quem é você, mulher discriminada e hostilizada por estar grávida antes do casamento? Maria, a mãe de Jesus, enfrentou as vicissitudes da vida e o preconceito da população à época por ter engravidado e concebeu o homem que dividiu a história do mundo.

Quem é você, mulher que demonstra empatia com os desfavorecidos? Mesmo após a morte da princesa Diana, mais conhecida como Lady Di, o seu legado ainda ressoa na Família Real. Essa mulher foi uma mãe dedicada e defensora de causas humanitárias, conhecida como a "Princesa do Povo" pela sua vocação filantrópica, admirada pelo trabalho de caridade, em especial por seu envolvimento no combate à Aids e na campanha internacional contra as minas terrestres.

Quem é você, mulher que enfrentou o rei do Egito para preservar a vida do seu filho? Na história bíblica, Joquebede arriscou perder a sua própria vida e a de outros filhos com o fim de preservar a existência do filho Moisés.

Quem é você, mulher que acorda de madrugada para trabalhar e sustentar a sua família? Quantas e quantas mulheres dão o máximo de si para contribuir com a sustentabilidade das finanças do lar! Nos moldes da vida atual, devido à crise, dificilmente o homem consegue manter o equilíbrio financeiro da casa, em decorrência disso, as mulheres investem tempo e dinheiro em estudos, trabalho, com intento de ganhar o seu sustento e o da sua família.

Quem é você, mulher que sai do seu lar para cuidar da residência de outras pessoas? São mulheres que, por não terem oportunidades de estudo e trabalho, estão dispostas a desempenhar o trabalho doméstico, mesmo que o labor seja difícil e complicado, pois estão no âmago do espaço de um lar, quer limpando a casa, lavando vasilhas, fazendo comida, zelando pelas roupas, enfim, o seu trabalho merece ser respeitado.

Quem é você, mulher que age com justiça e imparcialidade? Na mitologia grega, conhecemos a deusa Thêmis, deusa da justiça, que aparece segurando uma balança, que significa equidade e igualdade, ela é representada com os olhos vendados, para designar a imparcialidade. A deusa é símbolo do direito brasileiro.

Quem é você, mãe que me criou? Lembro-me da minha mãe, que era uma pessoa sempre disposta e alegre, cujo nome era Francisca Batista da Cunha. Ela foi acometida pela doença traiçoeira do câncer. Vi a minha mãe desfalecer a cada dia, mesmo seguindo as prescrições e os tratamentos médicos. Um dia antes de sua morte, em estado vulnerável e fraca, ela me chamou e disse: "Nunca pare de estudar, mesmo que as circunstâncias da vida não sejam as melhores". Quem é você mãe? Apesar de tudo, ainda encontrava força para ministrar conselhos ao segundo filho mais novo e o mais "danado", que à época tinha aproximadamente 14 anos de idade. Entendo que esse é um amor incondicional, o chamado amor de Deus, ou seja, amor ágape, aquele que é puro.

Enfim, a lista seria enorme para qualificar todos os dons recebidos pelas mulheres. Que possamos amá-las independentemente de qualquer situação. Que possamos reconhecer o seu valor. Que possamos agradecer pelas ajudadoras que são. Que possamos tê-las como companheiras. Não desperdice a chance de ter uma aliada ao seu lado, quer como mãe, irmã, cônjuge, namorada ou amiga.

META 13/50

NÃO OBEDEÇA AO SEU CÉREBRO

Usufrua dos bons pensamentos e elimine os seus algozes.

Lembro-me que, no segundo semestre de 2018, sofri uma lesão no joelho direito, a qual me deixou profundamente triste, visto que sou uma pessoa que gosta da prática de atividades físicas.

Mesmo utilizando todos os recursos médicos, remédios e profissionais para restabelecer a lesão no joelho de forma mais rápida, ainda assim, demorou quatro meses para a recuperação, e até hoje ainda sinto um pouco de desconforto no membro lesionado.

As práticas de atividades físicas regulares são importantes para mim. Voltei aos treinos, aos jogos de tênis e futebol. Mas o que chamou a minha atenção foi a sabotagem que estava sofrendo da minha mente, e olha que ela sempre foi a minha grande aliada nas atividades físicas e na luta incansável contra o sedentarismo.

O dicionário eletrônico "www.dicio.com.br" descreve o substantivo feminino sabotagem como: *"Ação ou efeito de sabotar (prejudicar). Ação de provocar prejuízos ou danos, tentando desta forma impedir o funcionamento regular de empresas, companhias, instituições, meios de transportes, estradas etc."*. É importante destacar que os sabotadores podem estar agindo dentro de você, ou quem sabe externamente, na figura de colegas de trabalho, chefes, amigos, pais e outras pessoas do seu convívio.

Por exemplo, em uma partida de tênis o meu objetivo é vencer, contudo, houve uma época que, em um determinado momento da partida, simplesmente o cérebro enviava algumas mensagens para o corpo da seguinte forma: “Não se esforce tanto; cuidado para não se machucar; você ficou muito tempo lesionado; amanhã trabalha normalmente; não tem problemas se perder; o adversário está jogando muito bem; desista logo do jogo”, dentre outras vozes que estavam perturbando a minha mente.

Todas essas mensagens que ouvia do cérebro estavam abalando a minha confiança e interferindo diretamente no meu desempenho. Ademais, a confiança, que já não era uma das melhores devido ao tempo em que fiquei lesionado, estava sendo destruída naquele momento.

Por que o título deste artigo é “Não obedeça ao seu cérebro?” Por tudo que já mencionei, visto que as circunstâncias já não eram favoráveis, além de estar ouvindo mensagens negativas, consequentemente, o pior poderia acontecer, que, no meu caso, foi perder jogos e ter dificuldades de vencer adversários que, em outros momentos, tinha a tranquilidade e a confiança necessárias para derrotar. Enfim, vagava pela mente a possibilidade de não mais praticar atividades físicas por conta disso.

O que estava acontecendo comigo era a sabotagem; nas palavras da repórter Clara Brant: “Autossabotagem é você estar com a faca e o queijo na mão pra fazer as coisas darem certo e acabar dando o queijo para os ratos e enfiando a faca no próprio pescoço”. Esse conflito mental mina as suas forças; faz perder a confiança; estimula a desistir de lutar pelos seus sonhos.

Como resolvi esse problema? Decidi, de forma muito simples, confiar em Deus; relembrar todos os momentos felizes no esporte; lembrei das vitórias; li assuntos de atletas vitoriosos do tênis e jogadores de futebol; assisti filmes motivacionais; conversava com pessoas que estiveram com as dificuldades que eu estava enfrentando, ou seja, retirei o foco das perturbações e mirei na solução dos pensamentos negativos. E, ainda, **refiz a minha forma de pensar**, isto é, reprogramei o cérebro.

Que as ciladas que ocorrem na sua vida não sejam mais fortes do que você. Que se proteja contra os sabotadores internos e externos que estão lhe rodeando a todo instante para esgotar suas energias. Lute para viver melhor a cada instante. E se for necessário pedir ajuda, lance mão disso, pois o mais importante é sair desse cenário, do contrário, será levado para lugares, dos quais, pode ser que nunca mais consiga voltar ao "status quo ante".

META 14/50

VOCÊ SEMPRE PODE DESISTIR

A única forma de conhecer o resultado é não desistindo.

Machucar o joelho após o treino; sofrer com adaptação do fuso horário; passar mal após a pesagem para a luta e vomitar no vestiário são situações desconfortáveis que atrapalham a vida de qualquer indivíduo. O natural nessas circunstâncias é desistir do objetivo traçado, o que, por vezes, é bem compreendido pelas pessoas, visto que não há condições de continuar, pelo menos, para o momento.

Uma das grandes oportunidades que Deus concedeu a cada ser humano é a sua **capacidade de livre-arbítrio**, ou seja, a capacidade de decidir, de fazer escolhas, possibilitando definir qualquer caminho a seguir, inclusive, de continuar ou desistir, seja ele qual for.

Do mesmo modo, assim como cada indivíduo tem a aptidão de escolher, muitos optam por concluir o planejado, já outros, preferem desistir. O dicionário eletrônico "www.dicio.com.br" apresenta o verbo desistir como: "*Abster-se; renunciar de modo voluntário; não continuar ou não prosseguir com a realização de algo ou de alguma coisa em específico: desistir de um trabalho; desistir de um projeto*".

Você já pensou em desistir? Qual motivo teve para pensar em desistir? Desistiu efetivamente ou não? Caso não tenha desistido, qual impulso modificou os seus pensamentos? É normal e óbvio não desistir quando a vida está muito bem, porém, quando o estado está ruim, os pensamentos chocam e se conflitam, levando a crer que a melhor opção é desistir.

Quem sabe você abriu um novo negócio (pessoa jurídica) e está empenhado em cumprir suas metas e fazer crescer o seu empreendimento. Contudo, o cenário atual do Brasil não é dos melhores para o empresário que atua no modelo tradicional de negócio e, por isso, você passa por obstáculos tais como: falta de capital de giro; a venda está abaixo do esperado; um funcionário ingressou com ação judicial buscando reparação de danos; a carga tributária aumentou, e assim sucessivamente. São situações que ocorrem todos os dias nesta república. No livro *O negócio do século XXI*, o autor apresenta essa realidade da seguinte forma: "*[...] 67% dos americanos pensam em desistir de seus empregos 'regularmente' ou 'constantemente'*".

Por outro lado, existe outra oportunidade de negócio, do século XXI, o denominado "Marketing de Relacionamento" que apresenta uma proposta meritocrática, bem diferente do mercado tradicional, abrindo outras possibilidades, quais sejam: você não tem chefe; não há funcionários; o risco do investimento é baixo; o trabalho com as pessoas é em rede de relacionamento; existem perspectivas de rentabilidade futura, inclusive com a renda residual ou passiva. No citado livro, é demonstrado que: "*[...] 72% de todos os adultos americanos prefeririam trabalhar para si a fazê-lo para outras pessoas*". Já que muitos pensam em ter o próprio negócio, sugiro que conheça esse modelo de empreendimento de sucesso.

Neste artigo estou apenas exemplificando algumas situações em que você está inserido. Destaco a importância de utilizar-se do livre-arbítrio para não desistir da sua vida. A questão de ter negócios fracassados, competições perdidas, até pode-se aceitar, não obstante, você não possa perder a esperança, não deva desistir dos sonhos e jamais pense em se abandonar! Tudo é uma questão de momento, apenas uma fase, conforme relatado na Bíblia, em Salmos 30:5: "*O choro pode durar uma noite, mas a alegria vem pela manhã*".

O escritor Robert Kiyosaki, no mencionado livro, cita uma frase impactante, que diz: "*Você sempre pode desistir. Por que tem de ser agora?*". Você pode utilizar a frase como base para sua vida em instantes conflituosos, pois até é possível pensar em perder, desistir, fracassar, mas realmente precisa ser agora? **Será que você pode resistir mais um pouco?** É possível deixar a decisão para amanhã? Isso é uma procrastinação sadia, uma vez que vai fazê-lo refletir sobre os cenários possíveis e previsíveis, e, quem sabe, até mudar de ideia, manter-se firme, rumo ao propósito preestabelecido.

Na introdução do texto, foram mencionadas algumas circunstâncias negativas que até poderiam fazer com que o atleta desistisse da luta, todavia, no dia 23/02/2019, a persistência de Thiago Marreta em decidir pelo combate, foi além dos três rounds da luta principal do UFC (*Ultimate Fighting Championship*) Praga, porque o seu esforço lhe rendeu uma vitória, com marretadas, contra o polonês Jan Blachowicz.

Assim, que você possa persistir com a garra do Thiago Marreta que, mesmo nas adversidades, continuou firme rumo ao propósito e obteve êxito. Dificuldades, no âmbito empresarial, pessoal, são até certo ponto aceitas, visto os problemas enfrentados pelo país. "Você sempre pode desistir. Por que tem de ser agora?". A minha proposta para hoje é: introduzir essa ideia, manter o foco no objetivo e receber as benesses da vida.

META 15/50
METAMORFOSE

De lagarta a borboleta, é dessa metamorfose que precisamos.

Para se transformar em uma borboleta, ocorrem quatro fases: o ovo, a larva (lagarta), a pupa e o estágio adulto. O início do ciclo começa com os ovos que são postos pela borboleta geralmente em folhas de plantas.

Na fase da lagarta, o animal come geralmente folhas para crescer e guarda energias para o futuro. Essa etapa dura alguns meses.

A pupa, depois de ocorrer diversas mudanças na pele, usará fios para construir o casulo. Depois disso, alcançará a fase adulta, tornando-se uma borboleta.

O dicionário eletrônico "www.dicio.com.br" descreve o substantivo feminino metamorfose, do latim *metamorphosis.is*, como: *"Mudança ou alteração completa no aspecto, natureza ou estrutura de alguém ou de alguma coisa; transformação. Transformação pela qual passam alguns animais, assim, no decorrer do seu processo de desenvolvimento, resulta numa forma e numa estrutura completamente diferentes das iniciais. Alteração de personalidade, modo de pensar, aparência, caráter".*

A metamorfose é o momento de costurar os retalhos, de cuidar das feridas, refazer o caminho, reaprender, mudar os pensamentos e reescrever um futuro melhor.

A fase da lagarta. É o momento de reflexão e avaliação, pois nessa etapa a lagarta está em processo de mutação, fortalecimento e crescimento. O problema é quando não se tem atitude para continuar evoluindo, que por consequência ficará atrofiada, rastejando e não voará como uma bela borboleta.

A melhor fase da vida. Estar em um casulo apertado e escuro não deve ser algo fácil de enfrentar. Dificuldades, desafios e provações representam o casulo, o que por vezes mata o sonho e a vontade de viver. Contudo é importante sabermos que isso não passa de uma fase ruim.

Lembre-se de que a borboleta só passa a existir e tem a possibilidade de voar livremente depois de passar por esse processo tenebroso e agonizante, e que pode até deixar cicatrizes.

É melhor voar e ser livre. Como é bom desfrutar da vida com todas as suas belezas, vigor e alegria. Não existe dinheiro algum que pague a liberdade, e a nossa Constituição Federal resguarda esse direito que é o chamado "direito de ir e vir". Ser uma borboleta, ou não, é uma oportunidade concedida a cada ser humano.

A única chance. A lagarta, para se transformar em borboleta, tem apenas uma chance, do contrário continuará sendo uma lagarta e rastejará pelo resto de sua existência, ou, quem sabe, morrerá. Como indivíduos, já tivemos, e ainda temos, muitas chances para mudar o comportamento e a atitude. Que possamos aproveitar o ensejo de sermos melhores como pessoas, pois pode ser que seja a última chance.

Do exposto, a metamorfose é um processo difícil e doloroso, entretanto, saibamos que logo esse momento chegará ao seu fim. Percorrer a etapa da transformação nos tornará pessoas melhores, mesmo que ocorram danos e feridas. O que você quer ser? Uma lagarta ou borboleta? Espero que opte por voar e ser livre assim como uma borboleta.

META 16/50

O QUE VOCÊ QUER SER: MILHO DE PIPOCA OU PIRUÁ?

A transformação pura e verdadeira da vida ocorre quando somos submetidos a desafios e provações.

O milho é conhecido como cereal e cultivado em uma grande porção dos países do mundo. É extensivamente utilizado como alimento humano ou para ração animal, devido às suas qualidades nutricionais. O maior produtor mundial de milho são os Estados Unidos.

O grão possui diversos benefícios, dentre os quais podemos citar: previne doenças nos olhos, fortalece o sistema imunológico, ajuda a emagrecer, reduz os níveis de colesterol, melhora o trânsito intestinal, enfim.

No que concerne à pipoca, o milho em si é apenas um caroço que não tem muita utilidade, mas, quando submetido ao fogo, se transforma em uma pipoca macia, comestível e apreciada pelas pessoas.

Que lições podemos aprender com o milho, no que se refere ao processo de conversão em pipoca?

Estamos no mesmo ambiente. Estamos dentro da mesma "panela", assim como o milho, querendo ou não, vivemos no mesmo mundo. Logo, não deveria haver ninguém melhor do que ninguém, contudo, cada ser humano tem o livre-arbítrio para fazer as suas escolhas. Sendo assim, teremos resultados diferentes.

Não há nenhum valor. O milho, nessa fase, não possui qualidade alguma, visto que é duro e sem utilidade, já que ninguém vai comê-lo neste estado. Muitas vezes, como cidadãos, também estamos passando por esse estágio: duro e sem valor. Diversas vezes desrespeitados e ignorados por nós mesmos e pela sociedade.

É necessário passar pelo processo de transformação. Ficar estagnado, ver o tempo passar, reclamar de tudo e de todos etc. não solucionará os problemas da sua vida. A transformação ocorre, no caso do milho, quando ele é submetido ao fogo. O fogo representa os nossos desafios e provações que a vida nos impõe, ou que provocamos. Passar pelo fogo pode ser algo doloroso, cansativo, que vai depender de muitos esforços e dedicação, mas alerto da necessidade de nos submetermos a isso, pois o melhor está por vir, mesmo que a princípio não vislumbremos um futuro melhor.

Seja macio e gostoso. Depois que o milho é submetido ao fogo, ele se torna uma pipoca. A pipoca é gostosa, macia e comestível. Mudar pode até ser difícil, e quem sabe até poderemos pensar em improváveis mudanças, não obstante, o não mudar possa ser fatal. É muito melhor ser uma "pipoca" para as pessoas que estão ao nosso redor do que ser aquele "grão" duro e sem perspectiva de vida. Assim nos ensina o teólogo, pedagogo, poeta e filósofo Rubem Alves: *"Milho de pipoca que não passa pelo fogo continua a ser milho de pipoca, para sempre. Assim acontece com a gente. As grandes transformações acontecem quando passamos pelo fogo. Quem não passa pelo fogo fica do mesmo jeito, a vida inteira"*.

Não seja um piruá. Piruá é o grão que não estourou na panela e, por consequência, não se transformou em pipoca. Ele representa as pessoas que, por mais que exista a possibilidade do "fogo" com intuito de fazer o processo de transformação, se recusam a mudar. Muitos imaginam que não pode existir coisa melhor do que o seu jeito de ser. A sua prepotência, presunção e egoísmo são a dura casca que não estoura. O destino delas é lamentável, pois ficarão duras a vida inteira e o seu destino é o lixo.

Assim, que possamos optar pelo processo de submissão ao fogo, com a finalidade de transformar e melhorar o mundo. Porquanto, assim como o milho se transforma em uma flor branca e macia, ao passar por esse processo, nós também temos essa oportunidade. Podemos mudar. Podemos ser melhores do que ontem. Podemos fazer o mundo das pessoas melhor. Espero que o seu destino não seja como o piruá, que é descartado e nunca desabrochará como uma flor de pipoca.

META 17/50

NÃO ACENDA VELA PARA DEFUNTO

Relacione-se com indivíduos que acrescentam bons valores.

Relacionamentos entre indivíduos nunca foi algo fácil, pois cada ser tem uma história de vida, experiências distintas, dificuldades singulares, muitos em decorrência da maneira como foram educados pelos pais, dentre outros motivos que dificultam a coesão dos relacionamentos, quer entre cônjuges, pais e filhos, namorados, chefe e subordinado, professor e aluno, enfim, não é fácil.

Costumo dizer que somos como porcos-espinhos, temos pontos fortes e fracos. Numa visão analógica, os pontos fracos são como espinhos, que cutucam e machucam as pessoas.

Quanto mais nos aproximarmos das pessoas, é notório que estaremos apresentando os pontos fortes, mas também evidenciando os fracos, e desse modo, estaremos, sem dúvida alguma golpeando as pessoas próximas de nós.

O que é uma pessoa boa? Penso que podemos enumerar alguns adjetivos, tais como: educada, fiel, amorosa, paciente, alegre, feliz, ética, que pensa o bem etc. São indivíduos que deveríamos escolher para sempre estar ao nosso lado, visto que vão acrescentar e espalhar bons valores, e que vale a pena “acender uma vela”.

A Bíblia nos ensina algumas características para elevar o padrão supremo de caráter, assim diz em Filipenses 4:8: *[...] "tudo o que for verdadeiro, tudo o que for nobre, tudo o que for correto, tudo o que for puro, tudo o que for amável, tudo o que for de boa fama, se houver algo de excelente ou digno de louvor, pensem nessas coisas"*. Olha que interessante: pensamentos bons resultam em melhoria de vida, trazem paz, tranquilidade, e com isso não estaremos machucando as pessoas.

E o que são pessoas ruins? São indivíduos que nos furtam a paz, pessoas invejosas, ciumentas, infiéis, fofoqueiras, mentirosas, que pensam o mal, enfim. Na minha tese, essas pessoas são como os "defuntos", dado que um defunto, ou morto, logo ficará podre e virará pó e, consequentemente, sem vida. Noutras palavras, não tem valor algum, não merece a nossa atenção, não vale a pena dedicar tempo a ele(a), muito menos acender uma "vela".

É possível que, de forma temporária, até possamos conviver com esses indivíduos, "os defuntos", mas com um único objetivo, **que é o de ajudá-los, mostrando os erros de caráter, impulsionando o autoconhecimento, estimulando a mudança de vida.** Acredito que "pau" que nasce torto é capaz de endireitar-se, sendo assim, não coaduno com a ideia do provérbio português que diz: *"Pau que nasce torto nunca se endireita"*.

O tempo com os "defuntos" deve ser rápido, pois do contrário o mau cheiro se alastra como um vírus contaminando de forma negativa as pessoas que estão próximas a eles. Quero dizer, caso decida ficar mais tempo com os "defuntos", tome cuidado e pense bem, porque brevemente estará contaminado por esse vírus que pode ser fatal.

Ao mesmo tempo, Teco Nicolau nos chama atenção na frase: *"Aprendendo a lidar com pessoas difíceis, aprendemos valiosas lições a respeito de nós mesmos"*, ou seja, um momento para autoavaliação, visto que, mesmo lidando com pessoas difíceis, ainda assim é possível aprender coisas novas. Mas volto a alertar: estabeleça o contato de forma passageira com esses indivíduos.

Na trajetória de minha existência, tive que desistir de alguns amigos e colegas, por não acrescentarem coisas boas para minha vida. É preciso ter percepção de dar um passo para trás, com o fim de conquistar dois passos para frente. Analogicamente, Jesus, em Lucas 11:23, deu ênfase a esse ponto afirmando: *"Aquele que não está comigo é contra mim, e aquele que comigo não ajunta, espalha"*.

Assim, que possamos ter a sensibilidade de detectar os "defuntos" que vagueiam ao nosso redor.

Vamos buscar bons relacionamentos!

META 18/50

APRENDENDO A LIDAR COM OS "NÃOS" DA VIDA

Crie oportunidades para os "nãos" que acontecem na sua vida.

O site "www.estadao.com.br" do dia 27/01/2019 apresentou reportagem com o procurador junto ao Tribunal de Contas da União (TCU) Júlio Marcelo de Oliveira, a respeito dos problemas financeiros do país. Durante a entrevista, ele diz: *"Pessoal da política não gosta de dizer não, gosta do sim"*, opinando sobre a complacência dos políticos e de alguns órgãos públicos do Brasil.

A frase do procurador demonstra que os políticos, para não desagradar ninguém, dizem sim a tudo, além de oferecer promessas, que em numerosos casos não são cumpridas.

Um detalhe importante: **dizer sim é fácil, o difícil é fazer cumprir a decisão.** De outro modo, **o não serve para nos limitar** e ao **mesmo tempo nos moldar, para evitar o caos e o desequilíbrio**, conforme demonstrado na matéria, bem como confirmado pela crise orçamentária e financeira existente no Brasil.

Lidar com o sim é algo muito fácil e natural. Tudo vai bem quando tem o desejo de comprar algo e os seus pais dizem sim. Como é feliz quando quer viajar e o seu cônjuge diz sim. Melhor ainda, quando pede aumento salarial e o proprietário da empresa concede. **Quando tudo vai bem**, é natural ser honesto, fiel, justo, bom, querido, amado, enfim. Isso apenas para exemplificar, pois existem dezenas de outras situações para ilustrar que os "sins" são bons, mas às vezes pode ser que viveremos em um mundo "perfeito" e ilusório.

Observa-se que desde a infância estamos acostumados com os "sins" da vida. Todavia, e **quando você recebe o "não" dos pais, cônjuge, chefe etc.? Qual é a sua reação?** Chorar e reclamar? Como lidar com a negatividade e desaprovação do pedido realizado? Muitos reagem aceitando. Contudo, um grupo ainda maior não aceita e vai contra o indivíduo que proferiu a decisão. Defendo que a mensagem, ou a resposta, seja repassada de maneira firme e com amor, mas independentemente de como a mensagem foi comunicada, não é motivo para o receptor se insurgir contra o emissor, como nos casos: de que a mensagem foi grosseira; que é uma perseguição; de que houve ofensa a sua reputação; de que o emissor não está preparado para o cargo de liderança; o superior é arbitrário, dentre outras desculpas para não aceitar os "nãos".

Quando era criança, e num belo dia, o meu time do coração, o Flamengo, veio a Cuiabá para uma partida de futebol. Fiquei eufórico. A oportunidade seria única e singular. Pedi dinheiro a minha mãe para comprar ingresso, entretanto, ela disse não, e explicou que não tinha recursos financeiros para comprar o bilhete do jogo.

Tive uma grande frustração por alguns segundos. E, ao mesmo tempo, fiquei pensando em encontrar alternativas para resolver isso, pois o meu desejo era grande de assistir ao jogo.

A minha mãe trabalhava com vendas de roupas na comunidade do bairro do Porto. Ao final daquela conversa, ela me explicou que tinha alguns clientes com as parcelas atrasadas. Naquele instante pensei e disse: "Posso cobrar os devedores? E, caso consiga receber, posso comprar o ingresso?". Ela disse: "Sim!"

Peguei a lista dos clientes e fui trabalhar motivado, porque surgiu essa alternativa. Passei o dia todo andando debaixo do sol e, naquele dia, recebi muitos "nãos". Um pouco frustrado e como última alternativa, resolvi ficar o restante da tarde e início da noite igual a uma estátua na frente da casa de uma senhora devedora, e ela me dizendo que não tinha dinheiro para pagar. Mesmo assim, fiquei ali, esperando o recebimento.

Creio que era aproximadamente 20h e eu ainda imóvel na frente da casa da senhora. Lembrando que o jogo começaria às 20h30. Então, a senhora apareceu novamente e disse: "Menino insistente, está aqui o seu dinheiro. Desapareça da minha frente!". Saí igual ao homem mais rápido do mundo, Usain Bolt, entreguei o dinheiro para minha mãe, ela me deu o valor combinado e fui assistir ao jogo.

O que eu quero dizer com isso? Que **precisamos aprender a lidar com os "nãos" da vida,** do contrário, seremos pessoas frustradas e desenvolveremos a síndrome da perseguição. Que **necessitamos encarar os "nãos" com uma oportunidade de vida** e jamais como ameaças, logo, isso desenvolverá em nós um crescimento, aprendizado, maturidade e uma vida melhor.

Assim como relatado na minha história, desejo a você que possa **criar oportunidades para os "nãos" que acontecem na sua vida.** Não se sinta ameaçado e triste pelos "nãos", mas sim, use o seu cérebro para buscar alternativas e soluções para as circunstâncias da sua existência.

Em suma, aprenda a lidar com os "nãos" da vida, visto que eles podem livrá-lo do caos. Crie uma mente mais sensível para detectar os "nãos" com uma oportunidade ímpar. Além disso, fundamentalmente, crie as oportunidades para saber lidar com esses "nãos" de maneira segura, uma vez que são acometimentos cotidianos da vida de qualquer indivíduo.

Lute pelo seu ingresso!

META 19/50

CUIDADO COM O JULGAMENTO

É preferível amar do que julgar.

Já parou para pensar quantas vezes você julga as pessoas? Em uma análise sincera, você faz poucos ou muitos julgamentos? Das vezes em que julgou sem conhecer, quantas conclusões foram assertivas?

O enfoque que desejo trazer neste texto é: julgar sem conhecer o cenário por inteiro poderá ser desastroso e, por consequência, levará ao cometimento de injustiças.

O site "www.dicio.com.br" apresenta o verbo julgar, que vem do latim *judicare*, que diz: *"Ter uma opinião sobre; expressar um parecer, um juízo de valor acerca de tomar uma decisão em relação a; proferir uma sentença, condenando ou absolvendo; sentenciar"*.

Atrevo-me a dizer que julgar não seja uma tarefa fácil, entretanto, julgar antecipadamente é ainda pior, pois gera decisões dissociadas da realidade, e que, por consequência, nos leva a ganhar a fama de autor do relato inventado.

Em Mateus 7:1 relata-se o padrão divino sobre o tema, afirmando: *"Não julgueis, para que não sejais julgados"*. Observe a importância do conselho bíblico, ou seja, ninguém gosta de ser julgado por outras pessoas, sendo assim, **uma maneira de ter a sua consciência tranquila é não julgar as pessoas**, mesmo que aparentemente haja indícios de que a história seja verdadeira.

Uma atitude louvável para evitar o cometimento desses abusos e erros que desgastam os relacionamentos, e muitas vezes criam inimizades, é apostar no amor. O amor a outra pessoa considerando o jeito dela, e aceitá-la como ela é. A música "Ame Mais, Julgue Menos", de Marcela Taís, explica isso: "*Todo mundo sonha / Todo mundo chora / Todo mundo já viu / Alguém que ama ir embora / Todo mundo sofre / Todo mundo erra / Todo mundo tem / As suas próprias guerras / Quem somos nós pra ditar / O valor de alguém? / Somos pó / Não podemos julgar ninguém / Ninguém sabe a dor / Que o outro passou / Ninguém sabe as lutas / Que o outro lutou*".

A escritora Karen Berg define com precisão uma forma de não julgarmos os indivíduos: "*Antes de julgar alguém, tente caminhar uma milha com os seus sapatos. Você pode simplesmente mudar de ideia*". O que chama atenção na frase são as palavras: caminhar, sapatos e mudar. Isto é, o caminhar está no sentido de reflexão, de esperar um pouco mais, de maturar as ideias, de tentar buscar a mente neutra e sem prejulgamentos. Os sapatos significam a tão conhecida, e pouco aplicada, empatia, que é se colocar no lugar do outro conhecendo as suas lutas, frustrações, pontos fortes e fracos etc. E, por fim, o verbo mudar, na acepção de alterar os seus pensamentos originais, porém incompletos, por pensamentos globais, com conhecimento de todos os pontos de vista.

Sabendo que a tendência das pessoas é de ser rápida em julgar os outros, mas são lentas para corrigir, sendo assim, que possamos dizer não ao prejulgamento, para evitar injustiças, e optar pelo amor, considerando que ninguém é perfeito. Assim, temos a possibilidade de mudar as nossas ideias e pensamentos, e com isso atentar para o princípio ensinado por Cristo, que está registrado em Mateus 22:39: "*Ame o seu próximo como a ti mesmo*".

META 20/50
PLASTICIDADE CEREBRAL

Desenvolva novas habilidades utilizando-se da plasticidade cerebral.

O Código de Trânsito Brasileiro define regras para o bom funcionamento do trânsito no país.

Os carros são fabricados obedecendo às regras impostas pelo Código.

Dentre essas premissas, posso citar algumas, tais como: dentro do automóvel, o volante e o motorista estão dispostos do lado esquerdo; em trânsito, o motorista deve fazer a curva aberta quando for dobrar para a esquerda, e fechada quando for virar para a direita; a lógica das estradas indica: para ir (mão), lado direito, e para voltar (contramão), lado esquerdo.

Na África, essas normas são opostas às do Brasil, ou seja, dentro do automóvel, o volante e o motorista estão dispostos do lado direito; em trânsito, o motorista deve fazer a curva fechada quando for dobrar para a esquerda, e aberta quando for virar à direita; a lógica das estradas indica: para ir (mão), lado esquerdo, e para voltar (contramão), lado direito.

A percepção que tive quando comecei a dirigir o veículo na África do Sul foi de total confusão no cérebro, pois o meu hábito é o padrão brasileiro. A consequência disso foi a ocorrência de muitos erros e vacilos no trânsito africano.

Entretanto, com o passar dos minutos dirigindo, o cérebro começou a realizar adaptação ao novo ambiente de trânsito. E o que era transtorno no início, e até criação de pensamentos negativos de que era melhor desistir, com a persistência, ele se moldou e os erros foram se esvaziando. Isto é fantástico! **Temos a capacidade de ser versáteis quando ocorrem novos desafios.**

Sabe por que ocorreu isso? É a chamada **plasticidade cerebral ou neuroplasticidade**, a qual utilizo e estimulo muito na minha vida, como modelo mental. O impulso para a plasticidade se dá a partir da experiência e do comportamento do indivíduo.

O site "www.tutores.com.br" refere-se à plasticidade cerebral como: *"A capacidade que o cérebro tem de mudar ao longo da vida. [...] O cérebro humano tem a incrível competência para se ´autorreorganizar´ por meio de novas conexões entre as células nervosas, os chamados neurônios"*.

Vale ressaltar que somos indivíduos singulares e **o nosso cérebro é único**, e com possibilidades de ser mutável e elástico para o aprendizado.

Assim, encare as oportunidades que surgem na sua vida como uma possibilidade de utilizar a plasticidade cerebral. Aprender a dirigir em outro país, ou um novo idioma, tocar um instrumento musical, novas técnicas de trabalhos etc. são momentos únicos para explorar o seu cérebro. Permita-se!

META 21/50

ARRISQUE-SE!

Comece o ano novo arriscando.

No último dia de 2018 eu estava refletindo sobre mais um novo ano e pensei: Será que paramos para analisar a vida do ano anterior? Quantas oportunidades perdidas pelo medo, pelo receio de pensar que não daria certo? O medo trava a nossa atitude e quebra a oportunidade de viver o novo.

A África do Sul é um país maravilhoso, que indico para você visitar. Conheci o *bungee jump* que é conhecido como um clássico dos esportes radicais. Recentemente ele perdeu o título do mais alto do mundo para a cidade de Macau, na China, mas ainda é o *bungee jump* de ponte mais alto do mundo, com 216 metros.

Simpatizo com a ideia dos esportes de aventura, mas não de forma super-radical. Esse *bungee jump* impressiona pela sua grandeza de ser ousado e com muita segurança, além do fato de estar presente num ambiente maravilhoso.

A oportunidade estava a minha frente: pular ou não do *bungee jump*. Quem deveria escolher era eu, e fiz isso. Decidi enfrentar o novo desafio. Confesso que a experiência é única e indescritível.

Com essa oportunidade concretizada, refleti sobre alguns pontos que poderemos utilizar para a nossa vida.

Quem decide sou eu. Ninguém poderia decidir por mim, se pularia ou não de uma altura de mais de 200m. Na sua vida, quem decide por si é você. Não são os seus pais, amigos, irmãos, inimigos que irão guiar e determinar a sua vida. Portanto, assuma o controle dela.

Vale a pena a arriscar? Eu depositei total confiança na logística do local para arriscar. Dei o passo para sentir algo novo. Noutras palavras, o meu risco foi calculado. Como assim? Eu não me joguei de uma ponte sem conhecer e pesquisar a empresa que administra o local. Prefiro arriscar, contudo de forma calculada. E esta opção temos na vida, a todo instante, de escolher entre arriscar ou não.

Pensei de forma racional e com equilíbrio emocional, e o resultado disso foi uma experiência inesquecível.

Nas finanças, temos alguns de tipos de investidores, são eles: agressivos, moderados e conservadores.

Similarmente como ocorre nas finanças, na vida temos a possibilidade de escolher que tipo de investidor seremos, se arriscaremos: agressivamente, moderadamente ou de forma conservadora e prudente.

Não há uma fórmula padronizada para o perfil de cada um, entretanto, você deve se conhecer e avaliar qual seria a atitude adequada para cada situação. E se o seu perfil for conservador? Não importa. É de extremo valor conhecer a si mesmo e o cenário, e, mesmo que não seja o seu perfil de costume, é possível adaptar a decisão para se ter a melhor solução.

Arriscar faz parte da vida, pois estamos a todo instante com demandas para decidir.

Ressalte-se que o perfil do agressivo tem que ser observado com maior prudência e sensatez, visto que "arriscar no escuro" nem sempre pode ser a melhor solução. Mais uma vez enfatizo, avalie a sua vida, o cenário, as circunstâncias, as pessoas envolvidas, os resultados previsíveis, dentre outras análises.

Não podemos repetir os mesmos erros do passado. Não podemos perder as oportunidades da vida, uma vez que elas podem não voltar. Arrisque-se um pouco mais. Trabalhe com a sua mente de forma paulatina. Como disse Domingos Paschoal: “Quem não arrisca não petisca. A sorte sopra a favor dos que não têm medo”.

Assim, confie em Deus e quebre o medo que está dentro de você. Que os próximos anos possam ser de muitas conquistas e paz. Que você agarre todas as oportunidades, aproveite o novo e salte do *bungee jump* para ser feliz.

META 22/50

ORDEM E PROGRESSO

Só existe progresso com a ordem.

A França, no século XIX, concebeu a expressão "Ordem e Progresso", com base na corrente filosófica e política do positivismo, cujo principal representante foi Auguste Comte, o qual criou a frase: *"O Amor por princípio e a Ordem por base; o Progresso por fim".*

O Brasil adotou a frase "Ordem e Progresso" na bandeira. Considerada como lema nacional brasileiro, a expressão foi inserida quatro dias após a proclamação da República do Brasil, em 19 de novembro de 1889.

Essa adaptação da frase francesa para a bandeira do Brasil foi desenvolvida pelo filósofo brasileiro Raimundo Teixeira Mendes.

O site "www.significados.com.br" aponta a explicação da frase supracitada: *"Na bandeira, ordem significa a defesa e manutenção de tudo que funciona de maneira positiva. É a proteção do que é certo e bom, em todos os aspectos da vida nacional. O progresso significa o avanço natural da sociedade e das instituições como consequência da defesa da ordem".*

Trazendo o vocábulo para aplicação pessoal, posso afirmar que **teremos progresso se houver** ordem. Perceba-se a partícula condicional "se", pois é indispensável a ordem para que você e eu tenhamos sucesso!

A sua vida bem organizada, equilibrada e planejada lhe trará bons frutos. Consequentemente, se for desorganizada, fará de você uma pessoa infeliz, frustrada, deprimida, estressada, ansiosa, dentre outros frutos negativos. É como descreve o maior sábio de todos os tempos, Salomão, que afirmou em Eclesiastes 2:10,11: "*Não me neguei nada que os meus olhos desejaram; não me recusei a dar prazer algum ao meu coração. Na verdade, eu me alegrei em todo o meu trabalho; essa foi a recompensa de todo o meu esforço. Contudo, quando avaliei tudo o que as minhas mãos haviam feito e o trabalho que eu tanto me esforçara para realizar, percebi que tudo foi inútil, foi correr atrás do vento; não há qualquer proveito no que se faz debaixo do sol*".

Será que tenho ordem na vida financeira? Familiar? Religiosa? Ou ordem em qualquer outra área da minha vida? Que tipo de ordem eu tenho tido? Um controle absoluto ou parcial? É necessário ter ordem para viver leve e feliz, além de progredir.

De tudo que aconteceu até hoje na minha vida, tenho eu alcançado progresso? A minha vida é próspera? Está progredindo? Viver pode ser um estado estático ou dinâmico, mas o progresso deve ser um estado permanentemente dinâmico.

Enfim, enfatizo que teremos progressos quando entendermos que existem ordem e organização na vida. Hoje temos a opção de almejar o progresso ou não; a alegria ou tristeza; a paz ou o ódio; a esperança ou a desesperança. Viver progredindo nos traz paz e alegria de continuar. Pode ser que a sua vida ainda esteja desorganizada, mas lembre-se: ainda assim, precisamos continuar, ordenar, organizar, e aos poucos ela vai se ajustando.

META 23/50

MARCHA PARA O OESTE

Marchar é necessário para que a conquista seja certa.

Em 1938, durante o período do Estado Novo, o governo Getúlio Vargas criou o programa Marcha para o Oeste, cuja finalidade era promover o desenvolvimento de regiões menos habitadas do Brasil e uma maior aproximação das localidades produtoras de matérias-primas.

A estratégia era incentivar o progresso e a ocupação das regiões Centro-Oeste e Norte, que estavam isoladas, onde havia muitas terras desocupadas, e por isso organizou um plano para migrar as pessoas ao centro do Brasil.

A ordem é marchar! Isso tem um significado profundo, pois me impulsiona a pensar que jamais devemos parar, estacionar, desistir. Se está com problemas financeiros, marche! Se está com dificuldades de estudar, marche! Não é nas adversidades da vida que iremos desistir, uma vez que precisamos continuar a viver, trabalhar, amar, estudar, ajudar, enfim. Marche para o progresso.

Por que marchar para o Oeste? O Oeste é para você refletir sobre as regiões da vida que estão desconhecidas. Temos a possibilidade de expandir novos talentos, habilidades, encontrar o novo. A única forma que temos de obter isso encontra-se na "Marcha para o Oeste", mesmo que haja obstáculos.

A dica que lhe ofereço para conhecer as regiões desconhecidas e pouco utilizadas é buscar aquele que te criou como uma obra-prima, conforme está escrito em Salmos 139:13,14: "*Tu criaste o íntimo do meu ser e me teceste no ventre de minha mãe. Eu te louvo porque me fizeste de modo especial e admirável. Tuas obras são maravilhosas! Disso tenho plena certeza*".

O site "www.significados.com.br" registra a palavra desenvolvimento da seguinte forma: "*Desenvolvimento é toda ação ou efeito relacionado com o processo de crescimento, evolução de um objeto, pessoa ou situação em uma determinada condição*". A Marcha para o Oeste surgiu para fazer evoluir as regiões isoladas do país. Isso serve para nós, pois a cada instante da nossa vida precisamos crescer, não podemos ficar estagnados, uma vez que isso atrofia o nosso cérebro e corpo como um todo. Temos a oportunidade de avançar nas áreas física, mental, espiritual e emocional da vida, com vistas a obter um "novo" melhor.

O desenvolvimento e o progresso chegaram para o país, mas e o seu crescimento? A decisão entre marchar ou não marchar está em suas mãos. A chance de dar certo certamente será maior do que se não tentar.

Não importa a região de sua vida que precisa "marchar", o essencial é saber que eu e você temos hoje esta oportunidade, pois pode ser que o amanhã não exista, conforme escreveu Lourran Gustavo: "Não deixe para amanhã o que pode ser feito hoje, pois o amanhã é incerto e pode não vir".

META 24/50

A CAMINHADA DA VIDA

A caminhada só termina quando chegamos ao destino.

Toda semana faço caminhada no Parque das Águas, ou em outro parque, em Cuiabá. Por ser um momento tranquilo, gosto de refletir sobre a vida, o trabalho, relacionamentos, investimentos, dentre outros assuntos. A cada passo dado, afloram *insights*, isto é, ideias que auxiliam na condução da minha vida.

Você sabe qual é o percurso mais longo do mundo para se praticar uma caminhada? Há discussões sobre o assunto, contudo o site "www.reddit.com" afirma que o maior percurso tem 21.212 km. Da Cidade do Cabo, na África do Sul, até Vladivostok, na Rússia, encontra-se a maior distância a pé, conforme dados do Google Maps. Mais de 14 meses de caminhada em 10 horas por dia através de alguns dos lugares mais perigosos do mundo.

Interessante notar que a caminhada da vida é muito mais complexa do que apenas uma caminhada de atividade física. O que quero chamar atenção é que devemos dedicar mais tempo e agir com sabedoria nessa jornada.

Algumas estradas nos levaram ao sucesso, outras, nos conduziram ao fracasso. Segundo Cora Coralina, *"o que vale na vida não é o ponto de partida e sim a caminhada. Caminhando e semeando, no fim terás o que colher"*.

O momento é de reflexão. Há necessidade de pontuar todos os acertos do ano e verificar a possibilidade de melhorá-los no próximo ano, como também elencar os erros utilizando-nos da sabedoria e da inteligência para evitar que ocorram novamente.

Muitos não conseguirão terminar a caminhada deste ano. Já nós, temos a oportunidade ímpar de estarmos vivos para contemplar mais uma chegada. **Por mais longa que tenha sido a sua caminhada, ainda assim devemos continuar**, em conformidade com os ensinamentos de Santo Agostinho: "*Mesmo que já tenha feito uma longa caminhada, sempre haverá mais um caminho a percorrer*".

É melhor chegar ao final de uma jornada do que desistir no meio do caminho. Se tudo deu errado, ainda assim você tem motivos para agradecer, pois haverá novas oportunidades para batalhar.

Que esta caminhada da vida chegue ao seu destino de forma contundente e positiva. Que reconheçamos que os obstáculos são meros detalhes que nos fazem crescer em sabedoria. Que possamos agradecer por tantas bênçãos recebidas. Que ecoemos pelo dom da vida. Que transmitamos paz aos corações aflitos. E, por fim, que consigamos mentalizar as palavras da escritora americana Ellen G. White, que diz: "Nada temos a temer quanto ao futuro, a menos que nos esqueçamos como Deus tem nos conduzido no passado".

META 25/50

INCENTIVE POR UM MUNDO MELHOR

Fomente palavras boas para colher bons frutos dos indivíduos.

Liberato Siqueira da Cunha, meu querido pai, nascido na cidade de Poconé-MT, hoje apenas *in memoriam*, foi um homem de muito valor que viveu parte da sua vida no campo e não teve oportunidade de estudar. Era um grande mentor, com imensa sabedoria.

Lembro-me de um fato que marcou profundamente minha vida. Ele estava com problemas de saúde e muito debilitado, mesmo assim insistiu para me acompanhar em um evento que eu estava organizando. Eu deveria ter aproximadamente 18 anos.

Após o evento, eu estava ao seu lado quando uma pessoa o abordou: "O senhor sempre está acompanhando o seu filho". Ele respondeu, com a calma que lhe era peculiar: "Não importa as circunstâncias, para onde o meu filho for eu sempre estarei ao seu lado". Isso fez, e ainda faz, todo sentido na minha vida.

Incentive quando tudo estiver indo bem. É de extrema **importância alimentarmos no cérebro o valor do incentivo**, quando todas as empreitadas vão bem na vida. Isto é, se estamos fazendo bem as tarefas, com o incentivo, é possível torná-las ainda mais bem-feitas.

Incentive, ainda mais, quando as circunstâncias não são boas. O indivíduo sem sabedoria, que critica em todos os momentos, bons ou maus, não compreende que essa ação poderá destruir sonhos em construção. Por isso devemos, ao invés de criticar, entusiasmar, quando as ações ou omissões dos indivíduos não forem, a princípio, as que gostaríamos que fossem.

O elogio proferido por entes queridos tem um significado imensamente positivo, já a crítica possui um impacto terrivelmente destrutivo.

Os humoristas mato-grossenses Nico e Lau apresentam no seu show de humor uma piada em que dizem que o bom mesmo é falar mal das pessoas por detrás e não pela frente; brincadeira ou não, o fato é que isso acontece em nossos relacionamentos.

Uma das leis da autorresponsabilidade cunhada pelo escritor Paulo Vieira diz: "Se é para criticar os outros, cale-se". Sonho com o dia em que esse princípio seja utilizado de forma verdadeira e sábia pelos seres humanos, pois resultaria em um mundo melhor.

Em suma, seja uma pessoa que pronuncia palavras boas e do bem, e, caso venha a se sentir tentado a agredir com palavras, a estratégia mais sábia é calar-se, como bem alerta a Bíblia em Tiago 1:19: *"Sejam todos prontos para ouvir, tardios para falar e tardios para irar-se"*.

TÉCNICA RODA DA VIDA SLIM

Vamos aprender uma técnica para ajudar na sua vida?

Legal, você está avançando na leitura do livro e, consequentemente, está cumprindo suas metas. Para dar um *upgrade* nas metas, você tem em mãos uma técnica de autoconhecimento, utilizada com frequência em sessões de *coaching*.

Vou lhe apresentar a minha técnica de Roda da Vida customizada, a qual denomino de **Roda da Vida** Slim, que é similar ao modelo tradicional (instrumento que foi criado nos anos 1960 pelo americano Paul J. Meyer), todavia, a minha técnica é concisa e objetiva de se fazer e realizar.

A ideia é que você **aplique a técnica hoje,** guarde os resultados; após um mês, repita o mesmo procedimento, e assim sucessivamente, isto é, em um ano você deverá ter concluído doze testes de Roda da Vida *Slim*.

Como a técnica é de autoconhecimento, é de suma importância termos o pleno conhecimento de quem nós somos, detectando as dimensões da vida com baixa avaliação, e que precisamos planejar com intuito de reduzir ou eliminar fatores negativos de nossas vidas; como também, melhorar, ainda mais, as qualidades que cada um detém.

Na Roda da Vida *Slim*, estaremos mirando cinco áreas de nossas vidas nas quais estaremos buscando o desenvolvimento. São elas:

Físico – fazer atividades e exercícios físicos;

Intelectual – ler e estudar etc.;

Emocional – cuidar e treinar as emoções, observar como funcionam na sua vida, como nos momentos de estresse, raiva, tristeza, dentre outros;

Espiritual – estudar a palavra de Deus;

Social – ajudar aos mais necessitados e carentes de bens materiais e bens imateriais como atenção, carinho, amor, enfim.

Por que cinco áreas? Cinco representa a nossa busca pelo equilíbrio dos aspectos de nossas vidas. Entendo que essas áreas sejam uma síntese que contempla as demais dimensões da existência, pois tudo está, direta ou indiretamente, ligado às áreas supracitadas. Além do fato de que a roda representa a nossa vida, que é redonda, ou cíclica, ou de 360 graus.

Em cada área da sua vida, você vai dar uma nota de zero a dez, sendo zero a menor nota e dez a maior. As respostas devem ser preenchidas de forma sincera e honesta, você não deve colocar a **resposta ideal**, mas sim a **resposta real**, portanto, não pense muito para preencher as respostas, apenas responda; do contrário, o seu cérebro vai te manipular para colocar uma resposta melhor.

No gráfico a seguir, apresentamos uma roda da vida perfeita e impecável, isto é, nota dez para todas as áreas da vida. Lembre-se: **o perfeito ainda precisa ser melhorado.**

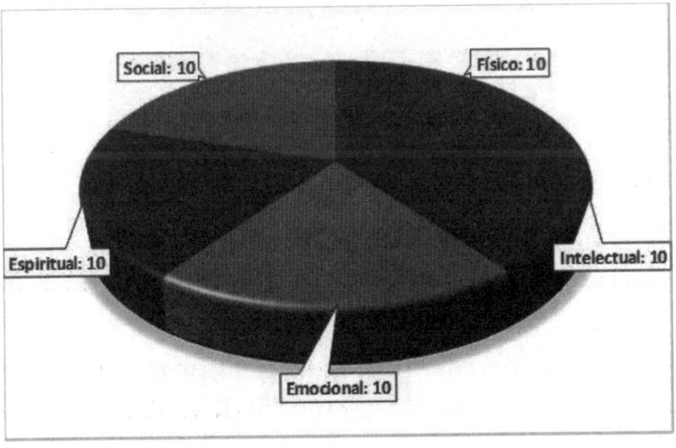

Diversamente da imagem anterior, no gráfico a seguir apresentamos uma roda da vida com um, ou seja, nota um para todas as áreas da vida. Lembre-se: **está na hora de revolucionar a sua vida.**

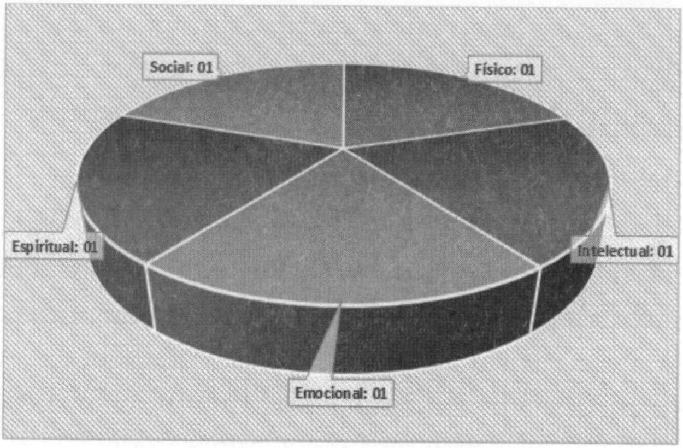

Já no gráfico seguinte, apresentamos uma roda da vida mediana, ou seja, nota cinco para todas as áreas da vida. Lembre-se: **vamos planejar e melhorar.**

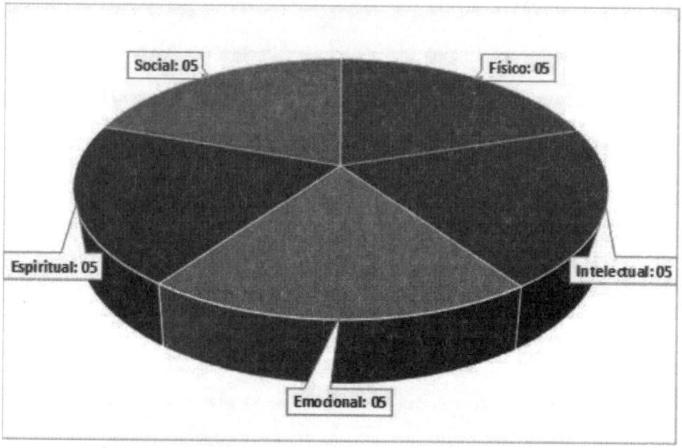

Por último, no próximo gráfico apresentamos uma roda da vida relativa, ou seja, temos ótimas notas, como nas áreas física, emocional e social; entretanto duas notas baixas, como nos aspectos intelectual e espiritual. O que isso quer dizer? Que a nossa roda está desequilibrada, sendo assim, devemos dedicar e investir tempo para consertar as áreas deficitárias. Lembre-se: **vamos analisar, planejar e melhorar.**

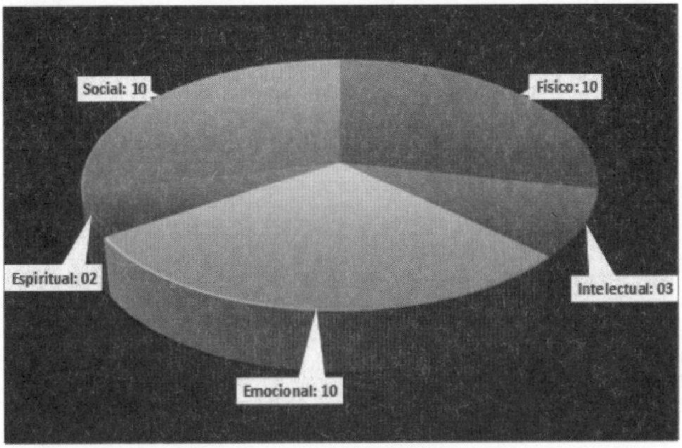

Enfim, o que posso lhe dizer, com toda a minha sinceridade é: não importa o cenário demonstrado, se quiser, é possível aperfeiçoar a sua vida e a de sua família. Mas é meritório que decida querer, pois apenas posso lhe influenciar e ajudar nesta conquista, uma vez que a decisão é única e exclusivamente sua!

Lembre-se: a roda quadrada não anda perfeitamente, portanto a sua roda da vida foi feita para ser rodada em sublimes condições, por isso que é necessário reavaliar as nossas vidas para saber como elas estão.

Se você continuar fazendo a leitura do livro, ou seja, cumprindo as metas, vou lhe ensinar mais uma técnica infalível para ajudar a sua vida, e que ao mesmo tempo está concatenada com a Técnica Roda da Vida Slim. Vale ressaltar que, conforme combinamos, você deverá cumprir uma meta por dia, em outras palavras, é ler um capítulo por dia; refletir no texto durante o dia; se quiser, poderá fazer nova leitura do texto à noite, e por fim dormir pensando no artigo.

Mergulhe nessa técnica!

META 26/50
PROATIVIDADE

Antecipe-se aos problemas e seja proativo.

No dia 18/11/2018 eu estava em Nova Iorque e precisei imprimir um ingresso para o show de Josh Groban & Idina Menzel, que ocorreu no Madison Square Garden, uma vez que o ingresso eletrônico não seria aceito para assistir ao espetáculo.

Desci até a recepção do hotel a fim de utilizar o espaço reservado para acesso à internet e impressão de documentos.

Não consegui imprimir o ingresso. Procurei as pessoas responsáveis pelo hotel, mas sem solução. Indicaram-me a recepção.

Contei o que havia ocorrido, mas a atendente me informou que o serviço é terceirizado e que eu deveria ligar no número da empresa responsável. Até insisti, contudo, sem resultado.

Pensei, e agora? Preciso do documento e não encontro solução, como se já não me bastassem problemas com o idioma e o cansaço, mesmo assim decidi resistir. Olhei para outras atendentes, escolhi uma e tentei novamente. Relatei o ocorrido e ela me deu a resposta padrão: o trabalho é terceirizado e não é responsabilidade do hotel. Entretanto, disse que eu poderia enviar o arquivo para o e-mail dela, pois faria a impressão do ingresso. Dito e feito. Problema resolvido. Agradeci e saí.

Refleti sobre os atores do episódio. O responsável pelo hotel simplesmente transferiu a responsabilidade; a primeira atendente foi educada e replicou o padrão de resposta estipulado pelo hotel; a segunda atendente reiterou a resposta padrão do hotel, porém foi além do formal, ofereceu ajuda e resolveu o problema, mesmo com várias pessoas para atender.

A minha concentração neste artigo é para o indivíduo como a segunda atendente, que **abandonou a zona de conforto, quebrou o padrão do hotel, tentou o novo e buscou a solução**, isto é, são indivíduos proativos.

Segundo o dicionário eletrônico "www.dicio.com.br", o adjetivo proativo origina-se do inglês *proactive* e traduz-se como aquele *"que busca, por antecipação, identificar e resolver possíveis problemas; que age ou pensa de maneira antecipada; antecipatório: procedimentos proativos de controle da violência"*.

Por mais simples que seja a situação, são nas pequenas coisas que demonstramos o nosso valor e no que acreditamos.

Muito se diz que os líderes devem ser proativos, mas prefiro entender que qualquer indivíduo pode e deve ser proativo em qualquer lugar.

Assim, que possamos ir em busca da proatividade, fazer o nosso melhor visando a solucionar os desafios da vida, quer seja no trabalho, faculdade, ambiente social, enfim. Fiquei feliz por encontrar uma pessoa proativa que me ajudou na impressão do ingresso.

META 27/50

A SUA GRAÇA ME BASTA

Vença se estiver forte, e não desista quando estiver fraco.

O americano Michael Fred Phelps é o maior nadador de todos os tempos. Tem em seu acervo de conquistas diversos recordes mundiais e olímpicos, dentre os quais destaco: detém o maior número de medalhas ganhas em uma única Olimpíada; atleta mais medalhado da história dos Jogos Olímpicos; o primeiro nadador do mundo a conquistar o título olímpico três vezes consecutivas na mesma especialidade a nível individual.

Em 2012, após as Olimpíadas de Londres, Phelps se viu diante do seu maior adversário, a depressão, que o levou a pensar em desistir de tudo, inclusive da vida, e a tomar uma difícil decisão, a de se aposentar como atleta.

Contudo, em 2016, mudou de ideia e veio para os Jogos Olímpicos do Brasil e ganhou diversas medalhas. Phelps relatou o seguinte: "*Eu sabia, quando comecei a voltar, que o processo não seria fácil, que teria que me forçar a passar por uma dor que eu talvez não quisesse sentir. Mas, se quisesse chegar ao resultado, teria que passar por isso. E estava em um momento da minha vida que estava pronto para fazer isso*".

Na Bíblia, em 2 Coríntios 12:9, Paulo, o grande pregador e discípulo de Cristo, afirma: "*[...] porque o meu poder se aperfeiçoa na fraqueza"*. Aqui Deus está dizendo para nós, que se estamos fracos, desanimados e pensando em desistir de tudo, **Ele nos oferece poder e nos dá forças.**

E complementa: "*A minha graça lhe basta*", noutras palavras, a vitória não depende do seu esforço, mas de Deus, de forma simples e gratuita.

Entendo ser necessário fazer esforços para conquistarmos os nossos sonhos, mas, se por algum motivo o resultado não vier a contento, basta confiar em Deus, sendo humilde, que o poder Dele extirpa a fraqueza dos pensamentos.

Há quase três meses estive com o joelho direito lesionado, com problemas no ligamento medial colateral. Recebi aplicação de injeção, tomei remédios, passei diversos tipos de gel e pomadas, fiz fisioterapia, pilates, enfim, utilizei todos os recursos recomendados, disponíveis e necessários para me recuperar o mais rápido possível. Apesar da boa recuperação no tempo desejado, a dor ainda incomoda.

Teimoso, em novembro de 2018 resolvi participar de campeonatos de tênis, futebol society e boliche. Sempre querendo vencer, entretanto, sabendo das dificuldades de obter medalhas.

Na fraqueza e para a minha surpresa, ganhei algumas medalhas: boliche dupla (prata), tênis de dupla (prata) e tênis individual (bronze).

Assim, seja humilde e lute pelos seus sonhos, mesmo que aparentemente não tenha soluções. Michael Phelps ganhou quase todas as medalhas de ouro da natação nos Jogos Olímpicos do Brasil, mesmo estando sem treinar e lutando contra a depressão. Paulo foi um vitorioso pregador, uma vez que soube receber a graça, mesmo em momentos de frustrações. **Aproveite a graça de graça!**

META 28/50

GALINHO DE OURO: FOCO

Ter foco é dizer não para os convites da vida.

Você sabe quem é o único brasileiro a ter o nome inscrito no *hall* da fama, nos Estados Unidos? Éder Jofre, que foi pugilista, e indicado para o *Hall* da Fama do Boxe em 1992, e até hoje é o único brasileiro que tem o nome gravado naquele lugar.

O boxe é dividido em várias categorias, utilizando-se como critério o peso, para dar mais equilíbrio entre as lutas. Normalmente a pesagem ocorre um dia antes da luta e, caso o atleta esteja fora do peso mínimo ou máximo, não estará apto a participar do combate. Os lutadores são distribuídos em categorias, das quais destaco os pesos: pesado, meio-pesado, médio, leve, pena, galo, mosca, dentre outras.

Ele foi campeão em diversos torneios lutando na categoria de peso galo. Era conhecido como "Galinho de Ouro", devido ao fato de ser de baixa estatura, com um soco potente, nocauteador e um grande vencedor.

Como todo atleta campeão, para que tenha sucesso na vida, o esportista precisa ter **dedicação, disciplina e foco.**

Na superprodução cinematográfica produzida em homenagem a Éder Jofre com o título "10 Segundos Para Vencer", o filme conta a história e a relação entre ele e o seu pai, como também a do treinador Kid Jofre.

O que chama atenção na história e no filme era o grau de exigência dele e do seu pai nos treinos, dado que não bastava ter dom e capacidade para ser um grande lutador, dependeria sobretudo do foco, e isso ele tinha de sobra.

O que é foco? É um substantivo masculino que significa nitidez, clareza de uma imagem, o quadro de um objetivo bem definido, o centro e o ponto de convergência.

Pense em uma lente de uma máquina fotográfica, que visualiza múltiplos cenários para fotografar, contudo ter foco não é ter um escopo gigante, é concentrar-se em apenas uma imagem por vez, e este é o segredo.

Foco, na música "Que Sorte a Nossa", de Matheus e Kauan, é retratado na frase: "*Tantos sorrisos por aí, você querendo o meu. Tantos olhares me olhando e eu querendo o seu*". Ou seja, há inúmeras possibilidades, todavia, decorre da convergência para a mesma pessoa, olhar, sorriso, enfim, são as nossas escolhas e prioridades.

Éder soube aproveitar as oportunidades que possuía, quer dizer, focou, e isso é conceituado pelo palestrante Paulo Vieira: "*Foco é a capacidade de aproveitar as condições naturais disponíveis a qualquer um e produzir poder e gerar mudanças ao concentrar-se em um único ponto a cada momento*".

No Livro *Foco*, de Daniel Goleman, é exposta a **luta que existe entre o foco *versus* as distrações da vida.** Ele comenta: "*O nosso foco está continuamente lutando contra distrações, tanto internas quanto externas. A questão é: o que as nossas distrações estão nos custando?*". Precisamos refletir e nos perguntar a cada instante sobre os custos *versus* benefícios das distrações, e escolher o que nos dará excelentes e permanentes resultados para a vida.

Enfim, o boxeador campeão Éder conseguiu ter foco e obteve títulos nacionais e internacionais, por isso o seu nome está no "*Hall* da Fama", entretanto, provavelmente, ele disse não para muitos convites, e isso é bem explicado, sobre a temática do foco, pelo mestre da tecnologia Steve Jobs: "*Algumas pessoas acham que foco significa dizer sim para a coisa em que você irá se focar. Mas não é nada disso. Significa dizer não às centenas de outras boas ideias que existem. Você precisa selecionar cuidadosamente".*

Qual é o seu foco?

META 29/50
GALINHO DE OURO: O TREINADOR

Treinar e ser treinado, eis a grande sacada para alcançar resultados sólidos.

Chegar ao topo da carreira é um objetivo que se conquista sozinho? Ou devemos nos aliar a outros indivíduos para ter o sucesso? Precisamos de um treinador? A soma de esforços nos traz mais ou menos resultados satisfatórios?

No filme lançado recentemente sobre a história de Éder Jofre, o "Galinho de Ouro", um dos maiores boxeadores de todos os tempos, destaca a importância do seu pai como *coach* para obtenção de resultados.

O genitor e treinador Kid Jofre era argentino e foi lutador de boxe, e como na expressão popular, "filho de peixe peixinho é", contudo, o pai não conseguiu obter todas as vitórias do seu filho. Entretanto, ele sabia a importância de ensinar, visto que, quanto mais se ensina, mais se aprende.

Com o atleta, **o treinador era extremamente exigente, disciplinado, focado, sistemático, metódico e intransigente na condução dos treinos.** Vale ressaltar que ele buscava o melhor para o seu filho, pois desejava que fosse um grande lutador e vitorioso, o que de fato aconteceu.

Quando criança, eu era bem diferente do que sou hoje, antes, precisava de muitos "puxões de orelha" para estudar, uma vez que não gostava de ir às aulas e muito menos de me dedicar aos estudos, mas pelos incentivos e surras dos meus pais (*in memoriam*), e também dos meus irmãos, radicalizei a minha vida e, graças a Deus, alcancei diversas conquistas.

Por outro lado, precisamos ser humildes e aceitar todos os conselhos de apoio, pois cabe a cada um de nós selecionar e priorizar o que se adapta melhor aos nossos objetivos.

"*Nenhum homem é uma ilha*", frase cunhada por John Donne, isto é, dependemos uns dos outros para nos relacionar e trocar experiências, incentivar e ser incentivado, fazer contatos, amadurecer, dentre outros fatores positivos.

Assim, o melhor boxeador brasileiro de todos os tempos só foi o melhor, sobretudo pela ajuda incessante do seu mentor, o que reforça a ideia do provérbio africano: "*Se quer ir rápido, vá sozinho. Se quer ir longe, vá em grupo*".

META 30/50

GALINHO DE OURO: DISRUPÇÃO

Para mudar a sua vida é necessário que haja disrupção.

Pesquisa do Instituto Brasileiro de Geografia e Estatística (IBGE) de 2017 indicou que 50 milhões dos brasileiros vivem na linha de pobreza e que a região Nordeste possui o maior índice, com 43,5% da população. O critério adotado pelo Banco Mundial é de indivíduos que têm renda familiar equivalente a R$ 387,07 ou US$ 5,5 por dia.

Se levarmos em consideração crianças de 0 a 14 anos de idade, a pesquisa revela que 42% das crianças se enquadram nessa situação, o que demonstra que o nosso país é extremamente desigual, e isso ocorre em todos os níveis.

Éder Jofre, o Galinho de Ouro, também teve uma infância pobre nos anos 40 no Peruche e que abriu mão do sonho de ser arquiteto para seguir a tradição da família de pugilistas. Ele conquistou seu primeiro cinturão de ouro no peso galo aos 24 anos, em 1960, em Los Angeles, Estados Unidos.

Silvio Santos, filho de dois imigrantes judeus, nasceu em 12 de dezembro de 1930, no bairro da Lapa, no Rio de Janeiro, também em uma família sem condições financeiras. Durante as eleições de 1946, Silvio, então com 14 anos, viu um homem que vendia capinhas de plástico para guardar títulos de eleitor nas ruas do Rio e teve seu primeiro gesto como empreendedor ao decidir fazer o mesmo, ou seja, trabalhar como camelô. Passados os anos, quem é ele hoje? Um bilionário.

Estamos cercados de histórias de brasileiros que apesar de terem tido uma situação de pobreza na infância conseguiram obter resultados positivos, isto é, cresceram e se desenvolveram na vida.

Uma palavra "da moda" utilizada recentemente é a **disrupção**, empregada principalmente na área de tecnologia, conceituada como um fenômeno por intermédio do qual empresas se estabelecem no mercado oferecendo novas alternativas de produtos ou serviços. É uma inovação mais barata, que se utiliza de tecnologias para oferecer, de forma otimizada, serviços e produtos já comuns no mercado.

Segundo o dicionário eletrônico "www.dicio.com.br", o termo *disrupção* significa: *"Ato de romper, de interromper o curso natural de; ruptura, rompimento, fratura: disrupção de um processo"*.

Ninguém escolhe em qual família quer nascer, correto? Creio que se pudéssemos optar não escolheríamos nascer em ambientes negativos, mas sim em famílias estruturadas, equilibradas e positivas.

A boa notícia que tenho para você é: estudar, trabalhar, planejar, se organizar, ajudar o próximo, sair do vitimismo, extirpar a Síndrome de Gabriela e sobretudo buscar o sucesso, certamente Deus nos ajudará, pois na Bíblia, em Isaías 41:13, Ele prometeu: *"[...] te tomarei pela tua mão direita, dizendo-te: Não temas; eu te ajudarei"*.

Por fim, se você se encontra nessa situação, **chegou o momento de mudar e fazer uma disrupção na sua vida!** Éder Jofre e Silvio Santos, dentre outros brasileiros, não se acovardaram e foram buscar o sucesso. Portanto, se quiser obter resultados diferentes, faça diferente e os resultados certamente virão, e para refletirmos, finalizo com as sábias palavras de Albert Einstein: *"Loucura é continuar fazendo sempre a mesma coisa e esperar resultados diferentes"*.

META 31/50

UMA PAUSA PARA O DESCANSO

Não há ser humano que resista a viver sem um descanso moderado.

Você está cansado? Está sobrecarregado? Física e/ou emocionalmente? Tem dedicado tempo para o lazer? Como está organizado o seu dia? Onde deposita a sua força? Tem descansado? Ou acha que é um Super-Homem?

A Constituição Federal do Brasil, conhecida como Constituição Cidadã, por inovar em diversos direitos individuais e sociais, prescreve, no inciso XVII do art. 7º, o direito ao gozo de férias, o que, por óbvio, nos oportuniza desfadigar, devido à sobrecarga de trabalho, com vistas a renovar o corpo e a mente.

O ideal seria trabalhar, de forma eficiente e com empenho, onze meses do ano, e após isso usufruir plenamente um mês de férias anual.

O descanso é necessário, quer você aceite ou não, pois até a terra precisa da sazonalidade, que é uma característica comum da agricultura. **O solo precisa de limites para o seu próprio cultivo**, a produção necessita acontecer em períodos determinados, seguindo uma variação de condições. O descanso ocorre na chamada entressafra, que é o espaço de tempo entre a colheita de uma safra e um novo plantio.

Se Deus descansou no sétimo dia, no ato da criação do mundo, quem é você para não descansar? Será que Deus precisava de descanso? Creio que não, pois Ele não se cansa, já que é onipotente.

A Bíblia, no livro de Gênesis, capítulo 2, versículos 2 e 3, narra que: *"[...] descansou no sétimo dia de toda a sua obra, que tinha feito. E abençoou Deus o dia sétimo, e o santificou; porque nele descansou de toda a sua obra que Deus criara e fizera"*. Precisamos, sim, de pelo menos um dia de descanso semanal para recarregar o nosso ânimo.

Quando de forma adequada e regular, **o descanso ajuda a prolongar a longevidade das pessoas**, com a melhora da qualidade de vida e manutenção da saúde.

O nome da expressão latina "aproveite o dia" é *carpe diem*, escrita pelo poeta romano Horácio. A sua tradução nos faz refletir que devemos colher o dia de hoje e confiar o mínimo possível no amanhã, ou seja, aproveitar ao máximo o aqui e o agora, com moderação, e apreciar o presente.

A vida não é feita apenas de trabalho, precisamos explorar outras áreas para aperfeiçoar o equilíbrio. A entressafra ocorre como estratégia para planejar e executar ações que visem à melhoria das próximas safras. A bênção está dada para o descanso. O *carpe diem* nos convida para aproveitar o tempo presente, usufruindo dos momentos intensamente sem preocupar-se em demasia com o futuro.

Enfim, o disposto do texto é um chamado para que possamos reutilizar o nosso tempo com moderação e equilíbrio, e assim evitar que nos aconteça o já anotado pelo escritor, geógrafo e historiador grego Heródoto: *"Se um homem quiser ocupar-se incessantemente de coisas sérias e não se abandonar de vez em quando ao divertimento, fica, sem perceber, louco ou idiota"*.

META 32/50

VOCÊ É UM *WORKAHOLIC* OU *WORKLOVER*?

Ame o que você faz e seja feliz.

Já ouviu falar em *workaholic*? Conhece uma pessoa assim? Quem sabe já até se tornou uma? E um indivíduo *worklover*? Quais são as diferenças entre esses dois conceitos?

Workaholic é uma gíria em inglês que significa alguém viciado em trabalho, compulsivo, totalmente dependente do emprego e que não consegue se desligar do mister, mesmo fora dele. Indivíduos obcecados em trabalho sempre existiram, e existirão, contudo, o número de pessoas viciadas vem crescendo e se tornando um fenômeno em todo o planeta.

O mundo atual proporciona o crescimento do *workaholic*, devido à **alta competitividade, necessidade de sobrevivência, consumismo, imediatismo, ganância de querer sempre mais, busca pelo padrão imposto pela sociedade, uso excessivo da tecnologia, capitalismo, vaidade**, dentre outros fatores.

A consequência disso é termos cidadãos que menosprezam, ou melhor, que não dão a devida atenção aos cônjuges, filhos, amigos, familiares, noutras palavras, apenas valorizam os que convivem no seu ambiente de trabalho. Com isso, a qualidade de vida desvigora, em razão de pressões da vida e do medo de fracassar, o profissional é atingido pela insônia, mau humor, impotência sexual, atitudes agressivas, depressão, desenvolvimento de doenças, a exemplo da síndrome de burnout, tornando o dia de trabalho um sacrifício, dentre outros efeitos nocivos.

O excesso, a obsessão, o vício, nos causam problemas, pois desequilibram a nossa vida. E para termos uma vida leve, feliz e plena, devemos buscar o equilíbrio, dos seguintes aspectos: físico, mental, emocional e espiritual.

Por outro lado, não podemos adotar, como padrão de vida e de trabalho, a música de Zeca Pagodinho, nos trechos: "*Deixa a vida me levar (vida leva eu) / Deixa a vida me levar (vida leva eu) / Deixa a vida me levar (vida leva eu) / Sou feliz e agradeço por tudo que Deus me deu*", pois uma vida desregrada também não vai acabar bem e pode ocasionar muitos problemas.

Já a expressão inglesa *worklover* significa uma pessoa que gosta e ama o seu trabalho, mas não o vê como um vício, ou seja, tem outras coisas mais importantes na sua vida. Ela sabe encontrar o equilíbrio entre o trabalho e o lazer, e não descuida os aspectos sociais, mentais e familiares. Um *worklover* sabe o momento de parar e descansar, além de fazer coisas não relacionadas com o seu trabalho, para recuperar energias e ser mais produtivo quando regressar ao contexto laboral.

O filósofo chinês Confúcio afirmou: "*Escolha um emprego que você ame, e nunca mais você precisará trabalhar na vida*". Então, se utilize da inteligência para optar em ser um *worklover* e levar a vida, em todos os seus aspectos, com mais amor e equilíbrio, visando um futuro melhor e com qualidade. Caso hoje estejamos no grupo de pessoas *workaholic*, que reflitamos e que tenhamos forças para ter uma qualidade de vida melhor.

META 33/50

MUDE O CONTEÚDO COM SABEDORIA

Não desista quando estiver em meio às tribulações desta vida, apenas modifique a forma de enxergar o mundo.

Estamos cercados de informações a todo instante, e muitas vezes transmitimos as notícias de forma rápida, sem avaliar o impacto no receptor. Algumas perguntas para reflexão: Precisamos repassar a informação de forma abrupta? Devemos sempre falar a verdade? Ou quem sabe podemos omitir? Noutras circunstâncias, até distorcer a mensagem? A decisão sobre o que fazer com a informação e a interferência que isso pode causar vai depender exclusivamente da sabedoria do emissor.

O empresário, escritor, inventor americano Thomas Alva Edison registrou 2.332 patentes. Algumas das invenções do Thomas estão presentes em nossas vidas, quais sejam: fonógrafo, primeira câmera cinematográfica, aperfeiçoamento do telefone, lâmpada elétrica incandescente, dentre outras.

Longe de ser Thomas Edson, quando criança, inventei alguns remédios para curar os cães que tínhamos em casa (os cães que circulavam doentes no bairro eu acolhia, tratava e cuidava deles). Misturava folhas, raízes, cascas, água, álcool, enfim. Os cães eram curados, só não sei dizer com qual fundamento e nem estudo científico.

O grande inventor Thomas, quando criança, entregou uma carta para sua mãe que o professor tinha lhe entregado, avisando que apenas ela poderia abrir o bilhete.

A mãe, ao ler o documento, levou um choque e os seus olhos começaram a lacrimejar, e resolveu ler em voz alta para o seu filho: *"Seu filho é um gênio. Esta escola é muito pequena para ele e não tem professores ao seu nível. Por favor, ensine-o você mesma!"*.

Olha que mensagem linda e de incentivo que poderíamos repassar para todas as pessoas que estão ao nosso redor. É preciso dominar as críticas, quer sejam construtivas ou destrutivas. Às vezes é necessário ficar quieto ou apenas elogiar.

Já adulto, após o falecimento de sua mãe, quando Thomas estava arrumando a casa viu um papel dobrado no canto de uma gaveta e percebeu que era a antiga carta do seu professor.

E como era curioso, abriu o bilhete, porém o conteúdo era totalmente diferente do que a sua mãe lera há anos. O conteúdo dizia: *"Seu filho é confuso e tem problemas mentais. Não vamos deixá-lo vir mais à escola!"*. Edison chorou durante horas e escreveu em seu diário: *"Thomas Edison era uma criança confusa, mas graças a uma mãe heroína e dedicada tornou-se o gênio do século"*.

Quem sabe se a sua mãe falasse a verdade, nós não teríamos esse grande inventor, pois, talvez, ele poderia ter ficado desestimulado, desanimado e decepcionado. Ainda bem que a história foi diferente, e ele afirmou que jamais devemos desistir: *"Nossa maior fraqueza está em desistir. O caminho mais certo de vencer é tentar mais uma vez"*.

Assim, semelhantemente à mãe de Thomas Edison, que alterou o conteúdo da carta, que possamos transmitir uma mensagem com sabedoria e equilíbrio, pois existem certos momentos na vida em que é indispensável modificar a informação para alcançar o objetivo almejado.

META 34/50

FAZER O BEM APESAR DAS LÁSTIMAS DA VIDA

Mesmo sem aceitar, é preciso saber que, apesar do caos, ainda é possível lutar pelos nossos sonhos.

Nelson Rolihlahla Mandela nasceu em uma aldeia pequena e de nobreza tribal. Como consequência da tradição, ele iria ocupar algum cargo de chefia, todavia, recusou esse privilégio aos 23 anos e partiu para a capital, Joanesburgo.

Transformou-se em um jovem advogado na capital e líder da resistência não violenta da juventude.

Em 1949, o governo aprova o regime legal segregacionista, a que dá o nome de *apartheid.*

O site eletrônico "www.infoescola.com" define o *apartheid* como: "*Uma política de segregação social ocorrida na África do Sul entre 1948 e 1994, com a ascensão do Partido Nacional, cujo governo foi composto por uma minoria branca*".

Dentre os efeitos do *apartheid*, temos: proibição de casamento entre brancos e negros; prisão nos casos de ato sexual de brancos com os não brancos; somente os brancos atuavam nos cargos de direção do governo, no parlamento e eram proprietários de terras produtivas; os veículos de transporte eram separados para brancos e negros, assim como nos pontos de ônibus, praias, praças, parques, restaurantes, bares; aos negros cabia trabalhar como mão de obra barata nas fazendas, minas e na indústria; existiam restrições na circulação dentro do país, dentre outras barbaridades.

E, por óbvio, a população não aceitou de forma pacífica esse regime, por consequência, houve diversas violências, mortes etc.

Ele dizia: "*Ninguém nasce odiando outra pessoa pela cor de sua pele, por sua origem ou ainda por sua religião. Para odiar, as pessoas precisam aprender, e se podem aprender a odiar, elas podem ser ensinadas a amar*".

Apesar desse cenário sangrento, surge Nelson Mandela como líder da resistência, no intuito de fazer o melhor pelo seu povo, o que lhe custou o direito de ir e vir, ou seja, a sua liberdade, pois foi preso de 1962 até 1990.

Na prisão, ele não se deixou abater pelos abusos das autoridades, pois focou nos seus estudos e na reflexão sobre a situação, mas acima de tudo em fazer o bem para as outras pessoas, contudo, mesmo fazendo o que é bom, os guardas debochavam dizendo que ele jamais sairia da prisão, entretanto ele afirmava com convicção: "*Posso responsabilizá-los pelas suas atitudes, porém eu sou o único responsável pelos meus sentimentos*".

O normal é que quando fazemos o bem a outras pessoas, deveríamos receber algo de bom em troca, de acordo com o Princípio da Reciprocidade. Mandela fazia a sua parte, mas o governo o reprimiu; noutras palavras, a regra não valeu, pois ele recebeu o mal mesmo fazendo algo positivo.

Será que estamos tendo atitudes boas? Estamos devolvendo o bem? Pensamentos positivos em meio ao caos? Estamos ansiosos esperando a retribuição pelo bem realizado? Como na história, nem sempre o bem gera resultados positivos.

A coisa certa a se fazer é ter um objetivo específico, uma atitude positiva, independente de termos retornos, e **blindarmos os nossos pensamentos para evitar a negatividade.**

Apesar dos pesares, Mandela se manteve firme e foi libertado, além do mais, o povo africano o escolheu como presidente da África do Sul em 1994, e por fim, o *apartheid* foi extinto. Transtornos, dificuldades, desgraças são inevitáveis que ocorram na vida, pois não dependem do nosso controle, entretanto a decisão entre direcionar os pensamentos para situações negativas, isso sim é decisão que cabe a cada um de nós!

Que possamos optar pela resistência e por fazer o bem, visto que o futuro vai definir se o nosso filme resultará em um final feliz, como de Hollywood, e nas lindas palavras de Nelson Mandela: "*Sonho com o dia em que todos levantar-se-ão e compreenderão que foram feitos para viverem como irmãos*".

Qual será a sua atitude a partir de hoje?!

META 35/50

CUIDE DOS HEMISFÉRIOS

A sua vida é integral, portanto, cuide de todos os hemisférios constantes dela.

Em viagem pelo norte do Brasil em 2018, mais precisamente na cidade de Boa Vista, Estado de Roraima, refleti sobre alguns pontos a respeito dos hemisférios.

O Brasil se encontra integralmente no hemisfério ocidental, além do mais, temos mais de 90% do território situado no hemisfério sul, e menos de 7%, como na cidade supracitada, no hemisfério norte.

O que são hemisférios? Imagine o globo terrestre, agora divida-o em quatro partes; cada pedaço representa um hemisfério, que são apresentados como: norte, sul, oriental e ocidental.

Utilizando o exemplo dado dos hemisférios, podemos fazer uma analogia com a nossa vida. No cérebro sempre há predominância de um aspecto: racional ou emocional. O ideal é que tivéssemos equilíbrio entre esses dois aspectos, mas não há.

Pode ser que empreguemos com frequência o lado esquerdo do cérebro, que é o da racionalidade, mas, a depender da situação, também utilizamos o lado direito, o emocional.

Nesse contexto, pretendo dizer que é impossível controlar 24 horas o cérebro racional, pois, ocorrendo algo imprevisível, pode desencadear o desmoronamento do aparente controle, nos levando ao sequestro dos pensamentos.

Mais de 90% do país está no hemisfério sul, evidenciando a nossa racionalidade, todavia parte do Estado de Roraima encontra-se no hemisfério norte, representando o lado emocional. O problema decorrente desta pequena porção de terra repercute em todo o Estado brasileiro, assim como no sequestro neural.

O apóstolo Paulo, em Romanos 7, nos ensinou este dilema, contudo sob o aspecto espiritual, descrevendo: "*Pois o que faço não é o bem que desejo, mas o mal que não quero fazer, esse eu continuo fazendo*".

O que fazer para que o território pequeno não domine o maior? Como prevenir que o hemisfério norte não domine o hemisfério sul? Como controlar o mal que está em mim e oferecer o bem? Como alcançar o equilíbrio que tanto almejamos?

Destaco que **não podemos ser conformados com as circunstâncias negativas que ocorrem neste mundo**, como exemplo, a situação caótica da imigração dos venezuelanos na cidade de Boa Vista, pois isso gera transtornos e desconfortos para o país.

Problemas e dilemas são comuns na vida dos indivíduos, mas saliento que é preciso ter paciência, traquejo, amor ao próximo, equilíbrio, tranquilidade e fé, para alcançarmos os maiores e melhores resultados. Dê o melhor de si e cuide dos hemisférios.

META 36/50
ATRAVESSE O MAR

Não seja escravo do seu "eu",
liberte-se da escravidão mental e emocional.

Desde os primórdios da nossa história, quando ocorriam guerras entre os povos, os vencidos em batalhas eram escravizados pelos seus conquistadores.

No Brasil, a escravidão teve início com a produção de açúcar na primeira metade do século XVI, quando os portugueses transportaram da África homens e mulheres negros com a finalidade de os utilizar como mão de obra nos engenhos de açúcar do Nordeste.

Eles eram vendidos como se fossem mercadorias, e havia uma variação de preço, pois os mais saudáveis valiam o dobro dos velhos ou fracos.

Sua abolição ocorreu em 13 de maio de 1888 com a promulgação da Lei Áurea, feita pela Princesa Isabel.

O dicionário eletrônico "www.dicio.com.br" descreve o substantivo masculino *escravo* como: *"Indivíduo que está ou foi privado de sua liberdade, sendo submetido à vontade de outrem, definido como propriedade"*.

O povo de Israel permaneceu como escravo no Egito por aproximadamente 400 anos, sem o direito primário que é o da liberdade.

A Bíblia, no livro de Êxodo 1, narra a vida dos hebreus como escravos: *"E os sujeitaram a cruel escravidão. Tornaram-lhes a vida amarga, impondo-lhes a árdua tarefa de preparar o barro e fazer tijolos, e executar todo tipo de trabalho agrícola; em tudo os egípcios os sujeitavam a cruel escravidão. Quando vocês ajudarem as hebreias a dar à luz, verifiquem se é menino. Se for, matem-no; se for menina, deixem-na viver".*

A escravidão física e de raça já ocorreu de forma intensa no passado, mas quantos de nós ainda estamos escravizados por alguma condição? Qual é a sua escravidão? Ela é mental ou física? O que o aprisiona? O que nos falta para sair do cárcere dos pensamentos negativos? O que é necessário para abandonar o passado e prosseguir para as novas oportunidades?

O cantor, guitarrista e compositor jamaicano conhecido como Rei do Reggae, Bob Marley, disse: *"Liberte-se da escravidão mental, ninguém além de nós pode libertar nossas mentes!"*; noutras palavras, é uma decisão exclusivamente sua.

No contexto da escravidão do povo de Israel, surgiu Moisés, o libertador do povo e que o conduziu à Terra Prometida.

Em determinado momento da saída do povo, eles se depararam com o Mar Vermelho, ou seja, sem nenhuma possibilidade humana de passar, apesar da recente liberdade. Ainda assim, eles reclamavam que era melhor ter ficado como escravos no Egito, assim como nós, que esquecemos, algumas vezes, de forma rápida, as conquistas e supervalorizamos os fracassos.

Às vezes, estamos diante de impossibilidades **e penumbra desta vida, dificultando a travessia das barreiras mentais que impomos, todavia, é preciso tentar, é preciso molhar os pés para que o mar possa se abrir, é preciso persistir!**

Assim, podemos até ser fisgados pela escravidão mental, ou, quem sabe, até agora, pela escravidão física, entretanto, a certeza que tenho é a mesma de Moisés diante do mar, e também cantada por Laura Moreno, na letra da música *"Antes Você Precisa Crer": "Para atravessar o mar, coloque o pé na água / Pra chegar ao outro lado, você precisa acreditar /Deus quer abrir o mar pra você / Mas, antes, você precisa crer".*

META 37/50

PODE SER QUE O ÚLTIMO SEJA O PRIMEIRO

O último hoje pode ser o primeiro amanhã;
confie nas suas crenças e lute.

Imagine a seguinte situação hipotética: você e mais dois gerentes se dedicam, trabalham, se qualificam, exercem liderança na empresa, com a pretensão de serem promovidos na hierarquia corporativa, se esforçam ao máximo para alcançar os postos mais altos dentro da instituição.

Enfim, chega o grande dia da divulgação a todos os empregados da empresa de quem seria o gerente a ser escolhido como novo diretor e, para surpresa de todos, nenhum dos três gerentes é escolhido; por ora, uma grande decepção, visto que deram o seu melhor. E se não bastasse a surpresa e a decepção ocorrida, o escolhido foi um funcionário que ninguém jamais imaginava.

É difícil entender essa situação? Parece que foge a nossa lógica? Ou quem sabe, alguns vão dizer que houve injustiça? Outros ficarão revoltados? Pode ser que até desanime os gerentes a permanecerem na empresa, não é verdade?

Samuel foi profeta de Deus em Israel, o qual lhe deu a missão de ir até a cidade de Belém, a fim de escolher o novo rei de Israel, uma vez que o rei Saul fora desaprovado em seu cargo, devido ao excesso de maldades.

O profeta chegou na cidade designada e foi direto para a casa de Jessé, o pai, pois dali sairia o novo rei. Como num concurso ou seleção, o pai precisava apresentar os filhos ao profeta. O detalhe interessante é que o pai não sabia qual era a verdadeira intenção do profeta na sua casa e o profeta não sabia quem seria o escolhido.

Logo, Jessé convidou os filhos, respeitando a antiguidade, hierarquia (também conhecida como primogenitura), que é o direito de preferência por ter nascido primeiro.

O relato bíblico está em I Samuel 16: "*Quando chegaram, Samuel viu Eliabe e pensou: 'Com certeza este aqui é o que o Senhor quer ungir'. O Senhor, contudo, disse a Samuel: 'Não considere a sua aparência nem sua altura, pois eu o rejeitei. O Senhor não vê como o homem: o homem vê a aparência, mas o Senhor vê o coração'. Então Jessé chamou Abinadabe e o levou a Samuel. Ele, porém, disse: 'O Senhor também não escolheu a este'. Então Jessé levou Samá a Samuel, mas este disse: 'Também não foi este que o Senhor escolheu'. Jessé levou a Samuel sete de seus filhos, mas Samuel lhe disse: 'O Senhor não escolheu nenhum destes'*".

Nenhum dos filhos foi selecionado por Deus para ser o novo rei de Israel, então o profeta provoca o pai: "*Será que você não está esquecendo de algum filho?*". Jessé respondeu: "*Ainda tenho o caçula, mas ele está cuidando das ovelhas*". O oitavo filho, o ruivo, de belos olhos e boa aparência. Quando Davi chegou, o profeta olhou para ele e disse: "*É este! Levante-se e unja-o*", ou seja, a partir daquele dia seria o novo rei de Israel.

Comparando a história hipotética com a história real, percebe-se que o desfecho é bem parecido. Muitas vezes nos sentimos injustiçados, fracassados, calejados com perspectivas arruinadas, assim como os irmãos mais velhos de Davi poderiam pensar.

O homem vê a aparência, mas o Senhor vê o coração, e a reflexão é para muitos indivíduos que se sentem como a última opção, o resíduo, o resto, o desprezado; lembre-se: assim como Davi, cuidador de ovelhas, foi escolhido rei, eu e você temos a oportunidade de, aos olhos de Deus, sermos aprovados pelo Rei.

E com base na letra da música de Tom Carfi sobre a "História de Davi", finalizo:

"Estava há tanto tempo no campo Cuidando das ovelhas de meu pai Ninguém me vê, aqui sonhando Sempre dando o meu melhor Ninguém me vê, ninguém se importa Eu estou aqui, sem nada a reclamar.

Oh meu Deus, me ouve agora Pois o meu sonho é sentar em uma mesa Com meus irmãos, estar em Tua casa Me ouve agora, me ouve agora Aquilo que eu preciso só Tu podes realizar

Davi, meu nome é Samuel Eu vim te ungir, rei de Israel Deus ouviu minha oração Preparas uma mesa Unge minha cabeça, e o teu cálice

[...] Como você pediu, assim diz o Senhor Vai acontecer, o óleo vai descer Sua hora já chegou E Deus manda eu te dizer Não me esqueci de você".

META 38/50

ATRAVESSAR O RUBICÃO

De forma planejada e pensada, seja decidido e arrisque-se.

O rio Rubicão é um pequeno curso de água do nordeste da Península Itálica; seu nome foi utilizado para designar um curso de água na Itália Setentrional, que corria para o mar Adriático. Era considerado limite do sul da província da Gália Cisalpina e do território da cidade de Roma.

No direito romano, no período da República, era proibido a qualquer general romano atravessá-lo com suas tropas. Tal medida visava a impedir que os generais manobrassem grandes contingentes de tropas no núcleo do Império Romano, evitando riscos à estabilidade do poder central.

Caio Júlio César foi um patrício, líder militar e político romano que realizou uma ampla reorganização política e administrativa de Roma e do Império Romano.

No dia 10 de janeiro de 49 a.C., o general Júlio César estava com um grande dilema: se atravessaria ou não o rio Rubicão. A decisão tomada seria classificada como radical, visto que estaria afrontando uma lei que vedava a travessia do rio por qualquer legião do exército romano.

O general sabia que quando finalizasse a travessia do rio, ele deveria conquistar Roma ou seria esmagado por Pompeu, o seu adversário. Ele atravessou o rio com as suas tropas e essa atitude desencadeou uma guerra civil, a segunda da República Romana; apesar disso, Júlio César venceu.

O grande general proferiu a famosa frase latina *alea jacta est*, cujo significado é: **A sorte está lançada!** A partir desse episódio essa expressão latina adquiriu um significado paradigmático de uma situação em que não há possibilidade de retorno, ou seja, uma tomada de decisão, mesmo que perigosa, radical, duvidosa e com enormes riscos.

Quantos rios Rubicões se apresentam diariamente em nossas vidas? Quantos dilemas? Quantas decisões radicais precisamos tomar? Estamos preparados para radicalizar as nossas decisões? As decisões envolvem você e mais indivíduos? Pode ser que em algum momento de nossas vidas tenhamos que tomar decisões difíceis, tanto pessoais como profissionais, e essas decisões nos deixam com medo de que os resultados não sejam aqueles esperados. E, às vezes, poderemos tomar decisões em que não há a menor possibilidade de retorno ou de uma segunda chance.

Compete a nós decidirmos, e isso não é algo fácil, todavia, em algumas circunstâncias, a indecisão mais atrapalha do que ajuda, e o nosso destino é traçado com base nela, conforme as palavras de Anthony Robbins: *"É nos momentos de decisão que o seu destino é traçado"*.

A sorte está lançada para nós! Que possamos ter habilidade, capacidade e discernimento para as grandes batalhas de nossas vidas. Em certas guerras, não há como voltar atrás, mas lembre-se: prossiga com estratégia, e atravesse com cabeça erguida o rio Rubicão.

META 39/50

INTELIGÊNCIA RELACIONAL

O relacionamento entre indivíduos fomenta o equilíbrio, conexão e conhecimento.

O site live stats mensura a quantidade de usuários conectados à internet e participantes das redes sociais em todo o mundo. Apenas para exemplificar: em 17/06/2019, o site exibiu aproximadamente 4.257.042.500 de usuários plugados na internet; 6.789.500.320 vídeos postados no YouTube; 2.247.166.800 usuários no Facebook; 78.991.350 fotos postadas no Instagram, enfim, as pessoas estão cada vez mais conectadas à internet e presentes nas redes sociais.

De acordo com pesquisa realizada em 2016 pelo IBGE, o Brasil tinha naquele ano 116 milhões de pessoas conectadas à internet, resultando em 64,7% de toda a população. O índice de homens brasileiros ligados na internet era de 63,8%, já o das mulheres somava 65,5% de acessos. Os indivíduos com idade entre 18 e 24 anos apresentavam a maior taxa de conexão, que é de 85% dos internautas; quanto aos brasileiros com mais de 60 anos, o índice era de 25%.

Antes do surgimento da internet, os relacionamentos eram mais fortes e duradouros. Havia mais tempo para conviver com as pessoas. No passado, eu visitava os amigos com maior frequência, e quando não era possível, brincava na rua com os vizinhos. Conversar pelo WhatsApp? Isso nem existia, pois a conversa era direta e sem intermediários, ou seja, olho no olho.

O mundo mudou e não é mais o mesmo. Será que ainda é possível voltar no tempo? Ou podemos adequar a nossa vida? A vida de todos os indivíduos é agitada, temos muita informação, mesmo que superficial, e recebemos milhares de mensagens instantâneas a cada segundo.

As americanas Erica Dhawan e Saj-Nicole Joni criaram o Instituto da Inteligência Relacional, descrito por elas como: *"É uma espécie de* networking *objetivo, que se vale dos relacionamentos para gerar inovação, aprender e alcançar resultados com mais rapidez e qualidade"*.

Use a sua potência mental. A inteligência é algo fenomenal, é a nossa capacidade de escolha, já nascemos com ela e, com o tempo, passamos a aprimorá-la com estudos, pesquisas, dedicação, enfim. Utilizar a nossa capacidade psíquica para desenvolver relacionamentos está em voga e na moda, pois os seres humanos, a cada dia, estão se distanciando uns dos outros e o que era normal está se tornando exceção: que é a capacidade de relacionar-se.

A Bíblia profetizou essa situação há milhares de anos, conforme descrito em Mateus 24:12: *"Devido ao aumento da maldade, o amor de muitos esfriará"*. Importante frisar que muitos serão atacados por esse vírus da maldade, mas é o livre-arbítrio que define se vou permitir que essa circunstância penetre na minha vida. O amor é a única fórmula para tentarmos remodelar o cenário atual.

O trabalho em equipe melhora a Inteligência Relacional. Saber dividir para compartilhar e respeitar o espaço de cada um é relacionar-se. O autor do livro *Gente inteligente se olha no espelho*, Homero Reis, escreve: *"O sucesso requer trabalho em equipe, influência e compartilhamento de uma visão comum"*. Temos dificuldades para trabalhar em equipe, não obstante é necessário se quisermos produzir colírio para limpar a nossa falta de visão de trabalho em equipe, e com propósito comum. O sucesso ocorre quando sabemos trabalhar em grupo.

Utilize-se da Inteligência Relacional para atrair pessoas da área em que você trabalha. A tática utilizada pela Inteligência Relacional é atrair o máximo de pessoas que trabalham, ou atuam, na mesma área que você. Exemplificando: se é professor, então deve dar preferência para relacionar-se com professores, cujo objetivo é ampliar o conhecimento e o relacionamento. Erica Dhawan destaca: "*Vale mais ter, na sua rede, uma pessoa influente da área em que você trabalha a centenas de pessoas de outros setores que não têm esse poder*".

As autoras do livro *Faça grandes coisas: o poder da inteligência relacional* discorrem sobre cinco características para obter o poder de conexão da inteligência relacional, quais sejam: ter curiosidade; explorar a combinação de ideias, recursos e produtos; relacionamento com a comunidade conhecida e desconhecida; coragem para enfrentar todos os tipos de conversas, injetando combustão para as minhas redes; pensar de forma diferente.

"Quem não se comunica se trumbica", memorável frase dita por Chacrinha. A capacidade de se comunicar é indispensável para que todo esse processo seja possível, pois a habilidade de falar e ouvir são as principais maneiras do indivíduo se comunicar e se conectar com o outro.

Assim, seja em ambiente particular ou profissional, é notório que somos individualistas devido à utilização excessiva de tecnologias, todavia, podemos utilizá-las com o propósito de termos relacionamentos maduros, estimular o equilíbrio do convívio físico e tecnológico. Somos seres humanos diferentes e com muitas falhas. Vale refletir e lembrar: para que a Inteligência Relacional seja exercida é preciso tempo.

META 40/50

AGARRE AS OPORTUNIDADES

Garra, coragem e dedicação são elementos indispensáveis para ser campeão de sua história.

A seleção da Croácia realizava boa campanha nas eliminatórias europeias e liderava sua chave com folga, de modo invicto, até junho de 2017. Enquanto isso, Zlatko Dalic divulgava em suas redes sociais o seu *tour* pelos estádios da Europa para assistir vários jogos, dentre os quais Barcelona e Real Madrid. O técnico estava sem clube desde janeiro de 2017, quando deixou o futebol árabe.

Na sequência, a seleção da Croácia atravessou uma série de derrotas, correndo o risco de ficar fora da Copa do Mundo na Rússia, em 2018. O técnico Ante Cacic foi demitido. Assume em seu lugar o bósnio naturalizado croata Zlatko Dalic, em outubro de 2017, às vésperas da última partida, com a missão de vencer a Ucrânia.

A Croácia venceu a partida por 2×0 e se classificou para a repescagem. No jogo da repescagem enfrentou a Grécia, venceu por 4×1 no primeiro jogo e empatou o segundo sem gols, com isso obteve a classificação para a Copa.

O técnico foi utilizado como tapa-buraco, ou seja, era interino e necessitava vencer os jogos contra a Ucrânia e a Grécia para ser efetivado como treinador da seleção croata, e isso aconteceu. Um detalhe interessante: o técnico trabalhou sem salário e sem contrato para levar o seu país, com muita deficiência em infraestrutura esportiva, a mais uma Copa do Mundo.

Oportunidade é um substantivo feminino oriundo do latim *opportunitate* e *opportunus*, que, segundo o site eletrônico "www.significados.com.br", traduz-se como *"uma ocasião favorável, ensejo, conveniência, representa a qualidade de oportuno. Também é definida como 'para o porto' e que originalmente era um termo utilizado no âmbito da navegação, pois representava a possibilidade de um barco chegar ao porto"*.

As oportunidades da vida aparecem para os que estão preparados. O técnico Dalic planejava qualificar seus conhecimentos de futebol em viagens pela Europa, mas, acima de tudo, estava pronto para assumir o posto de técnico da seleção croata. É muito difícil aparecer oportunidades para as pessoas que não estão preparadas. Portanto, prepare-se, estude, trabalhe, reflita etc. Francis Bacon disse: *"O homem deve criar as oportunidades e não somente encontrá-las"*.

O momento não sabemos, mas é certo que vem. A Croácia entrou na Copa e chegou à semifinal contra a Inglaterra; mas antes da partida, declarou o técnico: *"Após 20 anos, estamos de volta aonde pertencemos"*. Quem diria que de técnico interino, um tapa-buraco, ganharia dos ingleses e chegaria, pela primeira vez da história, a uma final de Copa do Mundo! Temos que crer e confiar, pois estando preparados, a glória vem. É de se destacar que *"as oportunidades se multiplicam à medida que são agarradas"*, conforme afirmou Sun Tzu.

Nem sempre perder é uma derrota. A Croácia perdeu a final da Copa, mas era perceptível observar, durante o jogo, a garra, a coragem, a dedicação, a tática e o trabalho em equipe da seleção croata que lutou até o fim da partida. Não venceram, mas são campeões na mente e no coração dos amantes do futebol. A Croácia possui 4 milhões de habitantes, é o menor país, junto com o Uruguai, a chegar a uma final de Copa do Mundo.

Portanto, devemos agarrar todas as boas oportunidades que surgem, pois é a nossa chance para chegarmos ao porto, ao destino, ao objetivo, à missão estabelecida. Mas devemos ter cautela para não cairmos com facilidade perante o nosso maior adversário: *"Temos que ir passo a passo, porque podemos ser nossos maiores rivais"*, declarou o técnico Zlatko Dalic durante a Copa do Mundo de 2018.

META 41/50

PLANEJAMENTO *VERSUS* TEMPO

Planejar sem obter resultados é irracional.

Que tipo de pessoa você é? Pragmática, objetiva, que pensa e planeja todas as metas da vida? Dos seus planejamentos, quais os que são efetivamente executados? Quais foram concretizados dentro do prazo? Qual foi a avaliação dos resultados? Positiva ou negativa?

Para que haja uma prática rotineira e constante de planejamento em nossa vida, é indispensável e essencial que tenhamos disciplina, princípios, métodos e organização.

Não quero, mas preciso. Comer jiló é algo extremamente ruim para alguns indivíduos, principalmente se for da primeira vez, todavia, se você comer o jiló por alguns dias seguidos, vai perceber que aquele gosto ruim, agora, já parece ser bom. Entenda assim: jiló sempre foi e continuará sendo jiló, mas, então, o que mudou? A nossa adaptação. Tudo o que é novo e desconhecido pode nos trazer uma certa dose de repulsa, medo e aversão, mas com o passar do tempo passamos a moldá-lo a nossa vida, tendo uma atitude de acomodação e adequação para tudo que antes era estranho e desconhecido. Planejar pode até parecer "jiló" para algumas pessoas, entretanto, logo adaptaremos na nossa rotina.

Cuidado com os rapinadores de tempo. Dentre os furtadores de tempo e que, consequentemente, nos estorvam para alcançar os objetos são: interrupções constantes das pessoas, comunicação precária e deficiente, excesso de reuniões, gestão minguada do tempo nas redes sociais, ligações telefônicas, diversas demandas via e-mail, tempo despendido na internet, sem objetividade, dentre outros fatores.

Precisamos agir com sabedoria para não sermos pegos por esses vilões do tempo, que fulminam o planejamento e a consecução das metas.

O *bella ciao, bella ciao, bella ciao, ciao, ciao* tempo. Na série de sucesso da Netflix "La casa de papel", a sua música é de grande destaque mundial, e o trecho que mais se repete é *"Querida, adeus, querida, adeus, querida, adeus, adeus, adeus"*. Fazendo uma analogia, se não houver planejamento, adeus tempo, e lembre-se que ele não volta.

Essa concepção de administração eficaz do tempo está associada de forma intrínseca em nossa vida, seja no âmbito familiar, educacional, social, religioso e corporativo. A frase do cientista e diplomata americano Benjamin Franklin é pertinente e óbvia: "O tempo perdido não se encontra mais". O tempo é um fenômeno progressivo e constante, sem qualquer possibilidade de retorno, e segundo um provérbio popular: *"O tempo não volta, o que volta é a vontade de voltar no tempo"*, além disso, pode impactar as finanças, nos termos da famosa expressão "*time is money*", ou seja, "tempo é dinheiro".

Planejar sem obter resultados é algo irracional. É evidente que há inúmeros indivíduos que desejam resultados imediatos em seus diversos tipos de planejamentos e, muitas vezes, não têm a paciência para aguardar o amadurecimento do resultado. Uma coisa é certa: o resultado chega! Mas para se ter um resultado efetivo e saudável, é importante estar preparado. No livro *Produtividade para quem quer tempo*, o autor destaca vários tipos de resultados, e o mais importante para nós é a do tipo: *"Realizador Nível A: tem RESULTADO e tem TEMPO. Realizador Nível A é aquele que tem tempo para fazer tudo o que ama na vida e ainda realiza tudo o* *que precisa para preencher os elementos essenciais da felicidade*". Por isso é irracional perdemos tempo com o planejamento, se não esperamos resultados.

De que forma irei fazer para que o meu tempo seja produtivo hoje? Não deixe para amanhã o que pode começar hoje. Não faça parte do grupo dos que postergam os seus objetivos, sonhos, ideias e planejamentos. Que haja em nós uma gestão saudável do planejamento. Aquele que for preparado, organizado e estruturado, saiba que os resultados virão.

META 42/50

NOSSOS DESAFIOS

O tempo de chegada nos motiva a persistir.

Em 2018, em viagem por Miami Beach, na Flórida, fui desafiado a correr uma corrida de 5 km sem intervalo para descanso. Para mim isso é um enorme desafio, visto que não tenho experiência em corridas de rua, entretanto pratico outras atividades esportivas. Iniciou-se a corrida, tendo como base o que foi planejado, mas com o passar do tempo percebi que é importante avaliar a distância percorrida, o objetivo a ser alcançado, além da finalização da prova. Apesar das dificuldades, contratempos e obstáculos que enfrentei durante o percurso da prova, obtive êxito na sua conclusão.

O dicionário eletrônico "www.dicio.com.br" descreve o verbete *desafio* como: *"ação ou efeito de desafiar, convocação para todo tipo de jogo, competição, disputas etc., ato de instigar alguém para que realize alguma coisa, normalmente além de suas competências ou habilidades, ocasião ou grande obstáculo que deve ser ultrapassado"*.

Durante a corrida, refleti sobre algumas situações que podem ter a capacidade de produzir em nós efeitos tanto positivos quanto negativos, e que também determinam a nossa trajetória de vida.

O desafio é para todos. Todos somos desafiados em algum momento da nossa vida, seja na família, no trabalho, na escola, nos relacionamentos, enfim, há inúmeras possibilidades de aceitarmos ou procrastinarmos os desafios que as circunstâncias da vida nos impõem. A liberdade de opção, aceitação ou não, é uma decisão individual que teremos de tomar ao longo da nossa existência. De acordo com o filósofo grego Sócrates, a vida sem desafios não tem sentido, "uma vida sem desafios não vale a pena ser vivida", em certos momentos, pode ser que algum estímulo pessoal ou profissional seja o pior e o mais difícil de ser enfrentado e vencido, mas o que quero deixar bem explícito é: quando se impõe um estímulo, uma meta ou um objetivo, se tem a exata noção de que são oferecidos para pessoas que têm capacidade, competência, conhecimento e habilidade para enfrentá-los e vencê-los.

Não devemos encarar os desafios da vida como uma simples ameaça, mas como uma possibilidade real de transformação. O psicólogo americano Maxwell Maltz corrobora esse princípio ao declarar: *"A vida está cheia de desafios que, se aproveitados de forma criativa, transformam-se em oportunidades"*.

A distância percorrida nos ajuda a continuar. É necessário que entendamos e aprendamos que o caminho percorrido é extremamente importante para que possamos adquirir competências, habilidades e resiliência, com o objetivo de que a nossa corrida não seja em vão. Eu pude constatar durante a corrida que, a cada metro e quilômetro percorrido, uma motivação extra me estimulava a continuar correndo, apesar dos obstáculos.

O intervalo da chegada nos motiva a vencer os desafios. Foi de fundamental importância observar o quanto ainda faltava para alcançar a meta, embora o meu corpo já estivesse sofrendo as consequências naturais do desgaste físico e mental, mesmo assim eu sabia que poderia ir um pouco além, quebrar paradigmas, sentir que sou forte e capaz o suficiente, não para vencer a corrida, mas para conseguir cruzar a linha de chegada. A análise da distância percorrida e a distância que falta para chegar ao final devem servir de estímulo para que não haja desistência, e o desafio seja concluído.

Comemore, pois muitos não chegam até o final. Os desafios vencidos com competência e ética devem ser celebrados, porque isso é o resultado de todo o esforço empreendido, além de servir como estímulo para que novas metas e novos desafios sejam planejados. Portanto, quero que essa experiência sirva para me estimular a planejar e executar os desafios e sonhos que tenho para minha vida, e que o mesmo ocorra com você. Que possamos colocar em prática na nossa vida este axioma de Augusto Cury: *"Ser feliz é reconhecer que vale a pena viver, apesar de todos os desafios, incompreensões e períodos de crise"*.

Que venham novos desafios!

META 43/50

QUAL É O SEU VALOR?

Seja o amigo que deseja ter.

A revista *Você S/A* edição de abril de 2018 apresentou uma matéria com o título: "Todos querem a Amazon". Nessa reportagem foi citado que a Amazon planeja construir a sua segunda sede, a qual gerará 50.000 empregos. A empresa recebeu 238 propostas de várias cidades do mundo, todas querendo ser a filial da gigante norte-americana do comércio varejista *on-line*, algumas cidades ofereceram incentivos governamentais, dentre as quais destacam-se Nova York, Chicago, Toronto e Los Angeles. A oferta mais robusta foi a do Condado de Montgomery, no Estado americano de Maryland, de 8,5 bilhões de dólares.

Interessante observar que essas cidades disponibilizaram em suas propostas vantagens, como incentivos fiscais, que proporcionarão redução ou isenção da carga tributária, com o objetivo de ter a Amazon instalada em seu território.

Na região Centro-Oeste existe o seguinte regionalismo: "O *sujeito não vale um pequi roído*", que significa: indivíduo que não possui valor algum, é aquele que não serve para nada.

Fazendo uma comparação com a nossa vida privada, surgem algumas indagações: O quanto as pessoas estariam dispostas ou até mesmo pagariam para ter a sua companhia? O que você tem feito para ser uma criatura amável, sociável e tolerante com as pessoas? **Qual seria o seu valor?** Será que encontraríamos alguém disposto e com vontade para oferecer alguns milhares de reais para ter o prazer de uma relação amorosa, afetiva, de amizade ou de intimidade com você? Ficam, portanto, essas perguntas como reflexões sobre até que ponto seu modo de pensar e agir e suas atitudes estão despertando a admiração e o respeito das pessoas.

Na Bíblia, no livro de Gênesis capítulo 37, encontramos o relato de José, o penúltimo dos 12 filhos do patriarca Jacó, que por inveja e ciúmes foi vendido por seus irmãos para mercadores de escravos, em Canaã. José foi vendido pela bagatela de vinte peças de prata aos ismaelitas. Os mercadores o levaram para o Egito.

Mateus 26 narra a história de Judas Iscariotes, o discípulo traidor, que vendeu Jesus Cristo, o Salvador, por apenas trinta moedas de prata.

José e Jesus Cristo foram vendidos, o primeiro como escravo, por causa da inveja e da maldade dos seus próprios irmãos, o segundo, para ser julgado e condenado pelos judeus à sentença de morte, sem cometer nenhum crime. Mas Jesus Cristo, na Palestina, e José filho de Jacó, no Egito, foram exemplos de bons cidadãos e cultivaram relacionamentos saudáveis.

É inegável que manter uma convivência sadia entre indivíduos de personalidades e atitudes variadas não é algo fácil, visto que temos características pessoais e sociais exclusivas. Logo, baseado nisso, é necessário que haja compreensão, respeito, tolerância, para que a convivência familiar e social seja extremante eficaz.

O que podemos aprender, dentre as diversas possibilidades, para apresentar a nossa estima?

A inovação aumenta o seu valor. A Amazon é hoje a empresa que mais investe em inovação no mundo, segundo dados divulgados na 13ª edição do Global Innovation 1000, estudo realizado pela Strategy&, consultoria estratégica da PwC. Ela investe 12% do faturamento em inovação, o que equivale a US$ 16 bilhões. Na vida pessoal e profissional, o seu crescimento dependerá de sua inovação e, se preciso for, de mudança de relacionamentos. Progredir e se qualificar sempre faz bem, é impossível ser a mesma pessoa todos os dias, a menos que optemos por isso. A inovação, o crescimento pessoal e profissional tem a capacidade de fazer com que vivamos com intensidade, qualidade de vida e vigor físico e mental.

O seu ambiente precisa ser o melhor lugar para se viver. Trabalhar na Amazon é o novo sonho americano. De acordo com o LinkedIn, a empresa superou o Google na liderança do ranking das companhias mais cobiçadas para se trabalhar nos Estados Unidos. A empresa dispõe de uma cultura corporativa empresarial voltada para princípios de liderança, de trabalho flexível, dentre outras vantagens.

Temos que aceitar o fato de que não somos perfeitos, essa verdade absoluta nos leva a perceber, de modo bem objetivo e direto, que somente por meio de uma autocrítica sincera teremos a oportunidade de verificar e analisar todos os defeitos e virtudes. Esse exercício despertará um desejo progressivo e sistêmico de evolução profissional e pessoal. O espaço em que vivemos precisa ser, necessariamente, o melhor lugar do mundo, passando a contribuir para uma convivência de excelência.

Perdoar é indispensável. Apesar de José ter sido vendido como escravo, ele não atribuiu a culpa aos seus pais, irmãos e Deus, apenas aceitou e encarou essa experiência negativa como um desígnio de Deus. Aos 30 anos, tornou-se governador do Egito. Os seus irmãos foram suplicar auxílio devido à fome extrema que estava ocorrendo no Egito como na terra de Canaã, terra em que habitavam os seus familiares. Então José teve uma atitude digna de ser imitada: ele não foi rancoroso e vingativo, pelo contrário, concedeu perdão, como também entregou alimentos em grande quantidade para os seus irmãos, outros familiares e o seu pai.

Do exposto, considerando todas as formas e características do texto, o que realmente melhora o préstimo como ser humano é aplicar em nossas vidas o princípio do eterno amor.

A nossa utilidade pessoal não é mensurada por aquilo que está fora de nós, o valor como indivíduo nasce, primeiramente, por aquilo em que acreditamos e fazemos interiormente. Jesus Cristo, apesar de ter amado seus amigos e inimigos, foi vendido, maltratado, humilhado, crucificado e morto. Enfim, quem não o conhecia poderia desprezá-lo, mas quem o conheceu de verdade e aceitou seus ensinos jamais faria isso.

O preço pago por Ele na cruz, para cada um de nós, é impagável! Em vista disso, não se sinta desprezado e sem valor pessoal, pois, por intermédio de Jesus, o seu apreço é imensurável.

Aprendamos com o Mestre!

META 44/50

FAMÍLIA: SOU ILHA OU CONTINENTE?

Podemos ser continente interligando famílias de sucesso.

"Nenhum homem é uma ilha, completo em si próprio; cada ser humano é uma parte do continente, uma parte de um todo", afirmou com propriedade o poeta inglês John Donne (1572-1631). Para ser felizes, as pessoas precisam conviver umas com as outras, uma vez que somos seres sociáveis.

A família é o espaço em que ocorre interação social, pois gera por excelência a manifestação das nossas qualidades e dos nossos defeitos.

Você é um ser humano-continente. Podemos passar por muitas dificuldades na vida, porém isso não é justificativa para optarmos por viver como uma ilha, ou seja, sozinho, sem se comunicar, relacionar e conviver com as pessoas da nossa família e outras ao nosso redor. Lembre-se: você faz parte do continente e tem o seu valor.

Você é um ser humano ***sui generis*****.** É interessante observar que os dedos das mãos são diferentes uns dos outros. As pessoas são distintas, noutras palavras, não há ninguém igual a ninguém. Constata-se que até os chamados gêmeos univitelinos, idênticos na aparência, têm pensamentos e sentimentos diferentes.

É espetacular saber que dos mais de 7.6 bilhões de pessoas que vivem no mundo, ninguém é igual a você, mesmo que alguns aparentemente se assemelhem.

Você é um ser humano especial. Deus nos criou como uma obra de arte, desde o ventre da mãe. "*Os Teus olhos viram o meu embrião*", "*Tu criaste o íntimo do meu ser e me teceste no ventre de minha mãe*", *e de maneira extraordinária,* "*me fizeste de modo especial e admirável*", escreve o Rei Davi no livro de Salmos 139.

Precisamos entender que, para conviver em família, temos que fazer a nossa parte sendo honestos, sinceros, transparentes, participativos, simples, humildes, e muitas vezes, apenas aceitando, pois nem sempre conseguiremos impor nossas opiniões e vontades.

E são as simples e pequenas atitudes que às vezes servem de estímulo para que saiamos de uma individualidade isolada e egoísta para uma convivência harmoniosa no continente. Em 09/06/2019 foi realizada a 5ª Feijoada & Cabeça Assada da Família Siqueira, na cidade de Poconé-MT. Foi oferecido um saboroso almoço, em um ambiente familiar, em meio à natureza, com pessoas singulares e cada um fazendo a sua parte. Esses relacionamentos familiares servem de estímulo para que haja uma convivência mais pacífica e tolerante tanto num ambiente doméstico quanto num contexto relacional mais amplo.

A Terceira Lei de Newton, ou Princípio da Ação e Reação, descreve o resultado da interação entre duas forças: "*A toda ação há sempre uma reação oposta e de igual intensidade: as ações mútuas de dois corpos um sobre o outro são sempre iguais e dirigidas em sentidos opostos*". Que o nosso modo de agir como seres sociais e ao mesmo tempo individuais seja pautado na ética, respeito e tolerância, logo, teremos como resposta reações favoráveis que farão com que, mesmo sendo ilhas na nossa individualidade peculiar, passemos a viver e conviver como partículas de um grande continente.

META 45/50

DILEMAS DA VIDA

Os dilemas da vida são inevitáveis;
inevitáveis também são as soluções.

A República da Turquia está localizada na Eurásia, ou seja, parte do seu território se localiza no continente europeu e a outra parte no continente asiático. A Turquia é um país eurasiático que ocupa toda a península da Anatólia, no extremo ocidental da Ásia e se estende pela Trácia Oriental, no sudeste da Europa. Sua capital é Ancara, a língua oficial é o turco e a religião predominante é o islamismo.

Em uma viagem pela Turquia, passei alguns momentos refletindo na localização geográfica desse país: a Turquia é o único país do mundo que fica em dois continentes, uma parte na Europa e a outra na Ásia.

Essas reflexões a respeito da localização geográfica da Turquia servem, em minha opinião, para aplicação em nossa vida pessoal e profissional. Essas observações me levaram a uma conclusão realista: de que em quantas ocasiões de nossa vida estamos em meio a conflitos, presos em meio a um turbilhão de dilemas aparentemente difíceis de serem resolvidos, sejam eles de ordem pessoal ou profissional. Como são complicados e desgastantes esses períodos da nossa vida, em que as dúvidas e incertezas nos levam a momentos de extrema angústia, pelo fato de não vislumbrarmos em curto prazo soluções para os nossos dilemas. Semelhante ao território turco, podemos estar com um pé em nossos problemas e o outro também.

O dicionário eletrônico "www.dicio.com.br" define o substantivo masculino *dilema* como: "*Circunstância árdua e de difícil resolução em que é necessário escolher entre duas opções contraditórias, contrárias ou insatisfatórias; escolha excessivamente difícil*".

Solucionar problemas, dilemas e conflitos que surgem em nossas vidas não é algo fácil de ser feito, pelo contrário, a solução ou pelo menos a amenização deles requer muita reflexão, inteligência, disciplina e foco. E quando a situação é delicada, com certeza vai requerer, de cada um de nós, maior empenho e dedicação. Resolver problemas, de qualquer tipo ou intensidade, exige que você primeiramente aceite a ideia de que os problemas fazem parte da nossa existência, quer você queira ou não. Conheça de fato o seu problema, saiba realmente o que está causando transtornos em você, procure saber qual a causa e o motivo de estar passando por situações complicadas. Aja com otimismo e procure um especialista que saiba identificar a causa e apontar as soluções.

Sabemos que não é algo fácil tomar decisões e sair do território problemático em que estamos. Mas a demora tem um efeito complicadíssimo na sua vida, e sabe por quê? O cenário já é difícil e pensar demais, em outras palavras, ficar pensando e refletindo exageradamente no dilema, vai atrapalhar o nosso sono, a tranquilidade, a paz e a solução dos problemas.

Com certeza já é algo muito delicado o fato de decidir, ainda mais de forma assertiva e com a velocidade adequada. Contudo, independente da solução ou decisão, é importante estarmos cientes da responsabilidade pelos nossos atos. Não podemos culpar terceiros envolvidos, cenário, a própria situação em si e inventar desculpas por alguma decisão inadequada. Precisamos sim, ter a autorresponsabilidade por nossos atos.

Assim, **em meio à divisão de pensamentos e conjuntura dos dilemas enfrentados por todos nós, é essencial termos a responsabilidade pelos nossos atos e decidir de modo pensado, refletido e**

com o tempo necessário na busca da melhor solução, entretanto, alerto: não demore a decidir, para que você evite mais preocupações e estresse.

Nelson Rodrigues disse: *"A dúvida é autora das insônias mais cruéis"*. Enfim, não deixe que os dilemas e dúvidas da sua vida o impeçam de ter uma vida mais saudável, equilibrada e feliz. Não fique com os pensamentos divididos, um pé no campo do problema e outro no campo do pessimismo, coloque os dois pés no campo da solução, da superação e da felicidade.

PLANO PERMANENTE DE AÇÃO – PPA

Mais um presente para você!
Outra técnica para aumentar as chances de alcançar os seus sonhos

Como já está íntimo da Técnica Roda da Vida *Slim*, agora vou ensiná-lo a elaborar um planejamento. Lembra que na Roda da Vida Slim nós detectamos algumas áreas da vida com notas abaixo do desejado? Então, chegou o momento de você planejar essas áreas, com a perspectiva de melhorar e mudar o rumo delas, isto é, **sair do estado atual e ir para o estado desejado da sua vida.**

A técnica que apresento para você, com algumas particularidades, é denominada **Plano Permanente de Ação – PPA.** A ferramenta é similar a outras técnicas existentes, com variados nomes, quais sejam: plano de ação, plano de metas, plano de produtividade, plano de providências, dentre outras.

O que é um plano de ação? Como o nome já indica, é um planejamento para nos levar à ação. Ao olhar para os seus sonhos, como, por exemplo, comprar uma casa, isso vai levá-lo a trabalhar, estudar, utilizar a força máxima do seu cérebro para obter esse sonho. O planejamento é muito importante, pois do contrário estaremos vivendo de forma desorganizada e sendo guiados por outras pessoas. Nas palavras categóricas do romancista, contista, matemático e reverendo anglicano britânico Lewis Carroll: "*Se você não sabe onde quer ir, qualquer caminho serve*". **Seja inteligente, escolha os rumos da sua vida!**

O plano vai ajudá-lo a planejar melhor a sua vida e fazer com que seja uma pessoa realizadora e feliz. Traçar objetivos e não alcançá-los é muito frustrante; com a técnica, o meu desejo é que evolua e não tenha limites para sonhar, planejar e executar os seus sonhos e de sua família.

Segue o modelo:

Plano Permanente de Ação – PPA		
Ord.	**Sonhos**	**Descrição detalhada**
01	Objetivo:	
02	Por que deseja o objetivo?	
03	Meta:	
04	Custo:	
05	Ações:	
06	Onde:	
07	Responsável:	
08	Prazo:	
09	Início e fim:	
10	*Status*:	
11	Comemorar:	
12	Anjo da guarda:	
Data do compromisso:		
Assinatura:		

Destaco três itens do quadro, quais sejam: "Comemorar", a ideia é que cada mês que você alcançar a meta rumo ao propósito, use e abuse da comemoração! Já o outro item, é o "Anjo da guarda", para o qual sugiro que escolha uma pessoa de confiança e que deseja o seu bem, para lhe ajudar e lembrar dos compromissos assumidos, como se fosse um mentor. Quanto à "Assinatura", é o seu contrato consigo mesmo, portanto, seja disciplinado e compromissado com você.

Para facilitar a compreensão, vou apresentar dois exemplos de como devemos preencher o planejamento.

Plano Permanente de Ação – PPA		
Ord.	**Sonhos**	**Descrição detalhada**
01	Objetivo:	Correr uma maratona
02	Por que deseja o objetivo?	Qualidade de vida
03	Meta:	Conseguir chegar ao final da prova de maratona em 2019
04	Custo:	R$ 600,00 por mês
05	Ações:	Treinar, fazer dietas, dormir de forma regular etc.
06	Onde:	Brasil
07	Responsável:	João da Silva
08	Prazo:	5 meses
09	Início e fim:	1º/07 a 30/11/2019
10	*Status*:	A executar
11	Comemorar:	Aguardar
12	Anjo da guarda:	Letícia da Silva (filha)
Data do compromisso:		15/06/2019
Assinatura:		

Plano Permanente de Ação – PPA		
Ord.	**Sonhos**	**Descrição detalhada**
01	Objetivo:	Emagrecer
02	Por que deseja o objetivo?	Manter o corpo equilibrado e bem apresentado
03	Meta:	Reduzir 10 kg de gordura em 2019
04	Custo:	R$ 300,00 por mês
05	Ações:	Fazer atividades aeróbicas, dietas etc.

06	Onde:	Cuiabá
07	Responsável:	Maria da Silva
08	Prazo:	3 meses
09	Início e fim:	1º/07 a 30/10/2019
10	*Status*:	A executar
11	Comemorar:	Aguardar
12	Anjo da guarda:	Joana de Barros (amiga)
Data do compromisso:		15/06/2019
Assinatura:		

Sugiro a você elaborar um PPA para cada objetivo/sonho que deseja alcançar na vida.

Após realizar o planejamento, você deve fazer uma avalição se foi concluído e o quanto foi executado. Exemplo: vamos supor que você colocou no PPA que gostaria de viajar para a Europa; trabalhou bastante; juntou dinheiro; todavia, chegando ao final do ano, percebeu que suas economias seriam insuficientes e que esse valor comportaria apenas uma viagem para um país sul-americano. Sendo assim, você executou parcialmente o que foi planejado, pois, apesar de ir viajar, não foi para o lugar desejado. Então, planeje, execute, monitore (fazer um acompanhamento *pari passu*, simultâneo do objetivo); analisar/avaliar (buscar o porquê de não ter conseguido alcançar o objetivo). Essa mesma sistemática que vamos utilizar para cada ciclo vai se repetir para cada sonho almejado.

Aproveito para lhe dizer que é relevante comemorar todas as conquistas executadas, pois dessa forma o nosso cérebro produzirá substâncias boas, para nos manter com o foco e a energia necessária na obtenção de novas realizações.

Desfrute do PPA!

META 46/50

CRESCER FAZ BEM

Crescer faz bem, é natural e depende de tempo.

O elefante africano é o mamífero com maior período de gestação, aproximadamente 645 dias, ou seja, 22 meses para nascer o filhote. Para a mulher, o tempo médio é de aproximadamente nove meses de gestação. Inverter os tempos de gestações entre mulheres e animais causaria enorme confusão, pois cada ser foi criado de forma singular.

Segundo o *Dicionário Houaiss*, a palavra *crescer* significa *"desenvolver progressivamente, aumentar em altura, estatura, comprimento, volume, intensidade, quantidade, avançar, progredir, prosperar, enfim"*.

Crescer requer tempo. O elefante africano tem que aguardar os 22 meses dentro do ventre da mãe para nascer. Imagine se o elefante não concordasse com esse tempo, mudaria alguma coisa? Creio que não, pois a lei da natureza é assim: quer concorde ou não, o crescimento depende de tempo e paciência.

Crescer é natural. A criança dentro do ventre da mãe precisa de tempo para desenvolver etapas do seu corpo. Quando era menino, tinha uma visão acelerada sobre o crescimento, pois era um dos mais baixos em estatura, entre os meus amigos. Desejava crescer a qualquer custo, mas percebia que não adiantava. O tempo passou e o crescimento veio, de forma simples e natural, e foi além do que eu esperava, visto que hoje meço 1,82 cm.

Crescer depende de estar preparado. Como crescer na profissão se não estiver preparado? Quase que impossível, visto que para que o crescimento ocorra, é preciso estar preparado, estudar, trabalhar, fazer o melhor, para, quando chegar a oportunidade de crescimento, você estar pronto! Muitos reclamam dizendo que não têm oportunidades em suas profissões, mas a pergunta deve ser: Você realmente está preparado para crescer? Está preparado para ocupar um cargo relevante na empresa?

Crescer pode ser desenvolvido. Todos temos a capacidade de desenvolver novas habilidades, basta querer e buscar a forma adequada de implementá-la. No livro *Produtividade para quem quer tempo*, o autor descreve que "*uma verdadeira mentalidade vencedora [...] é fundamental em qualquer conquista da vida, e a boa notícia que já posso dar desde agora é que é possível desenvolver essa mentalidade*".

Crescer faz bem. O crescimento nos ajuda a dar satisfação e bem-estar para nós mesmos, nos dá prazer em viver, e isso produz no cérebro substâncias, como a dopamina, que estimulam o prazer, a alegria, a felicidade, a motivação.

Crescer sempre. Nunca devemos parar de crescer na vida, pois a partir do momento em que pararmos de crescer, a nossa vida começa a estagnar. O professor Daniel Goleman esclarece que "*o cérebro humano não está totalmente formado no nascimento. Continua a moldar-se durante a vida, com um ritmo mais intenso de crescimento durante a infância*". Ou seja, o nosso cérebro está disposto a colaborar para o nosso crescimento *ad aeternum*.

Assim, está claro que temos todas as vantagens e possibilidades para crescimento na vida, mas isso depende de decisão, de querer crescer, pois crescer é natural, requer tempo, faz bem, pode ser desenvolvido e pode ser permanente. Lembre-se: *nunca é tarde para crescer na vida!*

E finalizo com a música "Crescer", das Chiquititas:

"Crescer não é ser mais alto Crescer não é ser mais forte Crescer não é ser maior É muito mais que isso É poder ir mais longe Com nosso coração Saber olhar para dentro Ser cada vez melhor Saber olhar pra dentro Ser cada vez melhor

[...] Crescer é ser mais livre Crescer é ver além Crescer é ser o dono Dos nossos próprios sonhos E correr os riscos De tocar o fundo De ser mais parecidos Do que na verdade somos De ser mais parecidos Do que na verdade somos".

META 47/50
CHOQUE DE REALIDADE

Os choques de realidade modificam o curso da nossa vida.

Recentemente, fiz uma trilha em Chapada dos Guimarães, no Estado de Mato Grosso, um lugar singular e com belíssimas paisagens. Depois de caminhar por algum tempo, avistei uma cachoeira e, sem titubear, mergulhei na água, mas esta estava extremamente gelada. A reação do corpo, suado e quente, foi imediata; o choque térmico instantâneo. Porém passados os primeiros minutos, o corpo se adaptou ao ambiente.

Essa situação retrata bem o conceito de choque térmico, que é a mudança brusca de temperatura. O choque produz desconfortos no organismo. Pessoas que têm certos problemas de saúde, com a abrupta alteração térmica, podem apresentar reações como arritmias cardíacas, alterações metabólicas e pulmonares, ou até mesmo uma parada cardíaca. A adaptação vai depender dos hábitos e condições do organismo.

A cada dia percebo que algumas pessoas precisam receber certos choques. O desempregado precisa sofrer as consequências da falta de dinheiro para não ficar na inércia aguardando que a proposta de emprego bata a sua porta. O estudante necessita, às vezes, receber notas baixas para ir em busca de seus objetivos educacionais. Colaboradores, em alguns momentos, precisam de certa dose de pressão para alcançar as metas do trabalho.

Daniel Goleman afirma: "*É a sensação de que a vida da gente está em perigo e a gente não pode fazer nada para escapar: é esse o momento em que começa a mudança no cérebro*".

No início, **o choque até pode causar desconforto e estranheza,** mas logo o corpo, a empresa, a vida se adaptam. Raras vezes esse choque ocorre por meio de análise da própria vida, de um momento de introspecção. Normalmente, ele vem de uma situação externa, e, neste caso, **o ideal é aguentar firme** e aproveitar para fazer as mudanças necessárias.

O choque pode ser radical ou não, isso depende da circunstância em que se está envolvido. E suas consequências também podem ser boas ou não, depende da maneira como se reage.

Assim, saiba que o esforço da trilha valeu muito a pena. Aprendi que com o choque térmico ocorrem mudanças, desconforto e adaptação. Que tal fazermos uma trilha em Chapada dos Guimarães? Que tal fazer uma trilha introspectiva em sua vida e não esperar que circunstâncias externas o obriguem a mudar?

META 48/50

FAZER O MELHOR OU FAZER O POSSÍVEL?

Faça o seu melhor,
independentemente de ter o conforto de fazer o possível.

Quando era criança minha mãe desejava que eu aprendesse o maior número de tarefas domésticas. Uma dessas tarefas era lavar as louças sujas. Quando me escolhia para fazer essa atividade, eu mais parecia um velocista: jogava água em tudo, passava sabão de qualquer jeito, terminava a tarefa com muita agilidade. Todavia, quando ela fiscalizava a tarefa executada, o resultado você pode imaginar: era necessário refazer todo o serviço, pois tudo havia sido feito às pressas e sem a qualidade devida.

E assim somos nós na vida, temos dois caminhos a seguir: podemos fazer nossas atividades apenas fazendo o possível ou realizá-las da melhor maneira.

Fazer o possível é não prezar pela qualidade, fazer "mais ou menos", desenvolver apenas aquilo que o superior pediu. É ser o funcionário que apenas faz o que precisa ser feito, o estudante que não se dedica aos estudos, o pai que não dá carinho aos filhos, pois está sobrecarregado de trabalho, o homem ou a mulher que não cuida da saúde, por justificativas diversas, o cirurgião que esqueceu algum instrumento dentro do paciente. Enfim, é ser medíocre, ou seja, estar na média ou abaixo dela.

Por outro lado, **fazer o melhor** é dar um passo a mais. É ser o funcionário que executa suas atividades com precisão, qualidade e, acima de tudo, além do que lhe é pedido, o professor que ministra sua melhor aula, o pai que, mesmo com diversas atividades, dá a atenção e a melhor educação ao seu filho, aquele cidadão que não se contenta em fazer o que todos fazem, mas está acima da média, o servidor público que, como o próprio nome diz, está pronto a servir à população, ou seja, aquele que busca fazer o melhor, mesmo que isso signifique ultrapassar o horário do expediente, estudar ou se dedicar mais a algo.

E nas sábias palavras do professor Mário Sergio Cortella: *"Faça o seu melhor, na condição que você tem, enquanto você não tem condições melhores para fazer melhor ainda!"*.

É, portanto, imprescindível instituir a autoavaliação, como aponta Daniel Goleman em seu livro *Inteligência emocional*, para a necessidade de ser "consciente ao mesmo tempo de nosso estado de espírito e de nossos pensamentos sobre esse estado de espírito".

Sem a consciência da avaliação dos nossos comportamentos, sentimentos, frustrações, ansiedades, trabalhos, estudos, é praticamente impossível mudar o rumo de nossa vida, como um indivíduo doente que não acredita estar enfermo.

Deus concedeu a cada um de nós o livre-arbítrio, nos deu o poder de tomar decisões com liberdade e Ele não interfere, cabe a cada um de nós avaliar as circunstâncias e cenários para decidirmos qual caminho trilhar.

Assim, você pode criar todos os tipos de desculpas para as circunstâncias que lhe sobrevêm, mas lembre-se: a decisão de fazer o possível ou fazer o melhor é unicamente sua.

Da próxima vez, vou dar o melhor de mim para lavar as louças sujas!

META 49/50

O SEGREDO DA JUVENTUDE

Treine o seu cérebro constantemente e seja jovem.

Quem quer ser jovem? Sabe-se que as pessoas buscam a cada dia uma supervalorização da aparência, principalmente nos dias atuais. A cantora Madonna utilizou tratamento à base de oxigênio para ter uma feição mais nova.

Existem diversas pesquisas sobre o assunto da juventude, por exemplo, pesquisadores do Centro Médico da Universidade de Erasmus, na Holanda, descobriram que um tipo de gene (MC1R) rejuvenesce, no mínimo, dois anos as pessoas.

Mas o objetivo do artigo não é demonstrar técnicas de rejuvenescimento e/ou de como melhorar a aparência, mas, sim, outra forma de se tornar jovem.

O criador da teoria da separação dos poderes, Montesquieu, francês que foi político, filósofo e escritor, disse: *"É preciso estudar muito para saber um pouco"*.

Estudar é uma forma de não deixar o cérebro se atrofiar. E quanto mais a pessoa se dedica ao aprendizado, mais é perceptível que se sabe pouco. Não importa se é rico, pobre, negro, branco etc., pois é com o aprendizado que as pessoas se tornam iguais e mais jovens. É com conhecimento que podemos sonhar, imaginar, viajar, aprender outras línguas, enfim, não deixar que o intelecto envelheça.

Outro ponto a considerar é evitar o estudo exagerado. Utilizar carga absurda de muitas horas por dia desequilibra, prejudica e sobrecarrega outras dimensões da vida que necessitam ser exercitadas como: aspecto físico, espiritual e emocional.

Destaca-se o caso de Edson Gambuggi que se formou em medicina aos 82 anos de idade, em uma universidade de São Paulo. Ele afirma: *"Foi a consolidação de um objetivo de quatro, cinco décadas; enfrentei grandes dificuldades, sofri. A faixa etária nem sempre é condizente com a nossa realidade. Se não fossem os empurrões da vida, acho que eu não conseguiria"*. Que exemplo, principalmente para os que ainda não despertaram seus pensamentos para o aprendizado!

Infelizmente o Brasil está entre os piores países na área da educação. Na prova realizada com 70 países pela OCDE/Pisa/2015, divulgada em dezembro/2016, o Brasil ficou no 63º lugar em ciências, 59º lugar em leitura e no 66º lugar em matemática.

Conclui-se que devemos ter o cuidado com a aparência, mas, sobretudo, devemos priorizar o estudo com a finalidade de evitar o envelhecimento precoce do cérebro, sendo assim, lembre-se: "É preciso estudar muito para saber um pouco".

META 50/50

FELICIDADE, QUAL É A SUA?

Respeite as suas crenças, princípios e limites para ser um indivíduo feliz.

A Finlândia é o país mais feliz do mundo para nativos e imigrantes, segundo relatório da ONU divulgado em março de 2017. A ONU analisou indicadores como expectativa de vida, renda, liberdade, nível de corrupção e políticas de bem-estar social, com base nos dados de 2015 a 2017 de 156 países. O Brasil ocupa a 28ª posição do ranking mundial.

Felicidade, substantivo feminino, que segundo o Dicionário Houaiss significa a *"qualidade ou estado de feliz; estado de uma consciência plenamente satisfeita; satisfação, contentamento, bem-estar"*.

O significado de felicidade é muito complexo, pois, a depender da disciplina, teremos conceitos bem distintos.

A definição dada por Aristóteles é *"fazer o bem"* e, de acordo com o filósofo, *"é o sentido e propósito da vida, o único objetivo e finalidade da existência humana"*.

Já segundo Friedrich Nietzsche, *"é não ter medo"*, e continua explanando que *"não é a força, mas a constância dos bons resultados que conduz os homens à felicidade"*.

Augusto Cury descreve que *"desistir dos sonhos é abrir mão da felicidade, porque quem não persegue seus objetivos está condenado a fracassar 100% das vezes"*, e aconselha: *"Jamais desista de ser feliz, pois a vida é um espetáculo imperdível, ainda que se apresentem dezenas de fatores a demonstrarem o contrário"*.

No livro *O jeito Harvard de ser feliz*, o autor Shawn Achor faz ponderações, experimentos e discute esse tema, e ensina a colher bons frutos de uma atitude mental positiva que proporcione efeitos extraordinários no trabalho e na vida.

Alguns dizem que a felicidade é uma vida tranquila e pacata, sem a agitação do mundo moderno, como descrita na música "Casinha Branca":

> *"Sinto cada vez mais longe a felicidade*
> *Vendo em minha mocidade*
> *Tanto sonho perecer.*
> *Eu queria ter na vida simplesmente*
> *Um lugar de mato verde,*
> *Pra plantar e pra colher,*
> *Ter uma casinha branca de varanda,*
> *Um quintal e uma janela,*
> *Para ver o sol nascer"*.

Para os palestrantes motivacionais, a felicidade está na caminhada rumo a um objetivo e não na sua chegada, por isso temos que planejar novos desafios para não perder o propósito de vida. A música "Trem-Bala" corrobora essa ideia: *"Não é sobre chegar no topo do mundo e saber que venceu. É sobre escalar e sentir que o caminho te fortaleceu"*.

A revista *Veja*, em fevereiro de 2018, apresentou uma matéria com o título "A Ciência da Felicidade", que aponta que muitas pessoas buscam recompensas e emoções temporárias, aquela sensação de euforia, a produção de dopamina no hipotálamo; já outros, preferem não apenas emoções fortes, mas sim algo duradouro, que leva a uma produção maior de serotonina, produzida no lobo frontal esquerdo, região do corpo responsável por produzir a sensação de bem-estar.

Os conceitos são diversos e poderíamos ter outras definições sobre o assunto, mas a pergunta é: Em qual conceito você investe sua energia? **Sua busca por felicidade é temporária ou permanente?**

Aprecio a definição de felicidade do Rei Davi registrada em Salmos 128:1: "*Como é feliz quem teme ao Senhor, quem anda em seus caminhos!*"

Busque a felicidade!

META 51/50

ESCREVA SUA HISTÓRIA

A meta 51 está fora das 50 metas do livro, mas não quer dizer que seja menos importante, aliás, pode ser até mais importante do que outras metas deste livro, pois será única, inconfundível e incomparável.

Este espaço está reservado para você escrever a sua história de vida, isto é, o seu percurso até o dia de hoje.

Se quiser compartilhar a sua história comigo, ficarei muito feliz, pois, quem sabe, ela pode ajudar a vida de outras pessoas conhecidas ou desconhecidas.

Envie para este e-mail: francisney@hotmail.com

CONCLUSÃO

Se você está lendo a conclusão deste livro, possivelmente tenha lido trechos, ou finalizado a leitura. Parabéns, prossiga alcançando todas as suas metas. Quem sabe você esteja pensando: "Consegui alcançar as metas do livro, agora não preciso mais estabelecer novos objetivos". A minha dica para você é: continue planejando e executando novos propósitos para a sua vida! Nunca pare de sonhar e crescer.

Mude sua vida em 50 dias poderá mudar os seus pensamentos e atitudes, com uma única condição: se você permitir e quiser verdadeiramente essas mudanças. Minha intenção nessa narrativa é tentar fazer com que pense e reflita sobre cada palavra deste livro.

Concluo o livro deixando uma mensagem muito especial para você que deseja ser feliz: jamais desista dos seus sonhos. Augusto Cury nos ensinou: *"Jamais desista das pessoas que ama. Jamais desista de ser feliz. Lute sempre pelos seus sonhos. Seja profundamente apaixonado pela vida, pois a vida é um espetáculo imperdível"*.

Que venha o futuro!

SOBRE O AUTOR

Francisney Liberato Batista Siqueira

Auditor Público Externo do Tribunal de Contas de Mato Grosso – TCE-MT. Bacharel em Ciências Contábeis (CRC-MT). Bacharel em Direito (OAB-MT). Pós-graduado em Direito e Controle Externo na Administração Pública (FGV). MBA Executivo em *Coaching*. Pós-graduado em Gestão Pública. Pós-graduado em Contabilidade Gerencial. Autor dos Livros: *Mude sua vida em 50 dias* e *Como falar em público com eficiência*. Organizador e Coautor dos Livros: *Concurso público*: polêmicas e jurisprudências do STF, STJ e Tribunais de Contas; *Aspectos polêmicos sobre concurso público*; *Direito dos concursos públicos*: instrumentos de controle interno e externo. Atuou em cargos comissionados como Consultor de Orientação ao

Jurisdicionado da Consultoria Técnica. Assessor Técnico da Secretaria de Controle Externo sobre Atos de Pessoal. Chefe de Gabinete do Ministério Público de Contas do TCE-MT. Secretário de Controle Externo de Administração Municipal do TCE-MT. Coordenador Técnico do I e II Congresso Brasileiro de Gestores e Membros de Comissão de Concurso Público (Curitiba-PR). I e II Congresso Brasileiro de Concurso Público (Foz do Iguaçu-PR). Coordenador de Pós-graduação. Palestrante em Congressos, Seminários, Encontros Nacionais e Cursos nas áreas de: Concurso Público, Processo Seletivo Simplificado, Contratação Temporária, Auditoria, Licitação e Contratos Administrativos, Controle Interno, Contabilidade Aplicada ao Setor Público, Análise de Balanços Públicos, Finanças e Orçamento Público, Responsabilidade de Agentes Públicos e Privados perante o Tribunal de Contas; Oratória, Motivacional, Comportamental, Liderança, Inteligência Emocional, Gestão da Emoção, Inteligência Relacional, Autorresponsabilidade, Alta Performance, Inteligência Financeira, Foco, Gestão do Tempo, Produtividade, Programação Neurolinguística, dentre outros. Participante de Banca de Concurso Público. *Coach* e Mentor. Professor da Escola de Contas do TCE-MT, professor de graduação, pós-graduação e cursinhos para concurso público. Idealizador e fundador do Projeto Social Inteligência Emocional.

DEPOIMENTOS

Tomei a liberdade de publicar neste livro alguns depoimentos de pessoas que já participaram de cursos e treinamentos do Projeto Social Inteligência Emocional, do qual sou o fundador e o presidente. O projeto social teve seu início em 2018, oferecendo cursos e treinamentos para a comunidade em geral do Estado de Mato Grosso.

Atualmente, ofertamos diversos cursos: Inteligência Emocional, Inteligência Emocional kids, Liderança, Alta performance, Oratória e Inteligência financeira.

Vale ressaltar que os cursos não têm finalidade lucrativa, temos diversos parceiros e também palestrantes gabaritados que se dedicam a oferecer o melhor para cada participante, pois esse é o nosso objetivo: ajudar pessoas.

Vejam alguns depoimentos de participantes dos cursos:

> Participar do curso de inteligência emocional foi uma experiência que superou as minhas expectativas. No começo achei que fosse ser apenas mais um curso de autoajuda, mas ao contrário do que imaginei, foi impactante em minha vida e a partir disso comecei a valorizar o que antes achava que poderia ser ignorado em mim. De fato, todas as coisas envolvem nossas emoções e devemos estar atentos a isso para alcançarmos com mais assertividade nossos objetivos. Um sonho nunca é tão distante quando sabemos o que poderemos encontrar no

caminho. Por isso valeu a pena ter participado desse curso como também dos outros cursos oferecidos por esse projeto de inteligência emocional. Desejo que todos tenham a coragem de sair de sua zona de conforto e de assumir suas limitações, medos e inseguranças, para então traçar as ferramentas certas rumo a uma mudança interior. Gratidão.

Maria Carolina Borges Dal'Magro – Assessora técnica jurídica da Presidência do Detran-MT (área correicional)

O curso Inteligência Emocional me surpreendeu, pois nos mostra vários pontos em nossas vidas que não são difíceis de serem solucionados a partir do momento em que tomamos a decisão de resolvê-los, com técnicas que podemos utilizar, com a Matriz de Eisenhower, pelo qual classificamos nossas tarefas em grau de importância e urgência; me marcou muito a diferença entre insistência e persistência, só alçaremos resultados diferentes se fizermos as mesmas tarefas de maneiras diferentes.

Aprendi que somos o que fazemos, mas somos principalmente o que fazemos para mudar o que somos. Não devemos nos cobrar tanto, e para o início, um passo de cada vez, melhor feito do que esperar o perfeito, para conseguir o sucesso é necessário ser persistente.

Carolina Vieira Peixoto da S. Moura – Médica Pediatra

O curso que mudou o sentido da minha vida chama-se Inteligência Emocional, sabe aquele curso que mexe com a sua vida radicalmente, pois é, a isso que me refiro. Desejo aos futuros participantes que se entreguem ao máximo, abram seu coração a cada palestra realizada. Vão dispostos a descobrir novas emoções. Eu só tenho a agradecer por um dia ter participado desse curso; o que mais me motivou a estar deixando o meu depoimento é passar a cada um a mudança que os temas afetam a minha vida pessoal, familiar e profissional. Lembro-me que a partir do primeiro encontro, a minha vida se transformou... #UmPassoDeCadaVez

Renata Domingas Soares – Graduanda em Ciências Contábeis e Operadora de Caixa

O curso de Inteligência Emocional foi a minha melhor decisão. Me sinto hoje mais segura, pois conheci ferramentas que me auxiliam a tomar decisões e enfrentar de uma maneira mais decisiva os obstáculos; além disso, me originou uma visão clara e objetiva do meu potencial profissional e pessoal. Através de uma didática eficiente, os instrutores foram capazes de transmitir conhecimentos de forma eficaz, o que me proporcionou treinamentos de alta performance aliada ao que há de mais moderno no mercado, e o que é melhor: direcionado para cada pessoa individualmente!!!

Helenisséia Wanúbia de J. Dávalos – Advogada, Coach e Empresária

O Curso de Inteligência Emocional aborda pontos muito relevantes do cotidiano da vida, promovendo técnicas e hábitos que podem, se vividos, direcionar a ter um estilo de vida melhor, obtendo resultados positivos e satisfatórios.

Kalyan B. Paes de Barros – Psicopedagoga. Psicanalista. Graduanda em Direito. Mestranda em Ciências da Educação

O Curso de Inteligência Emocional superou minhas expectativas pela forma em que as aulas foram dadas (slides, vídeos, exercícios práticos, bom humor, dentre outros fatores). Ele nos conduz a fazer uma autoavaliação geral do comportamento humano. E isso é espetacular, pois nos impulsiona a tomar decisões para mudar a vida. É uma oportunidade incrível para o aprimoramento pessoal e profissional.

Karine Taques. Administradora – Comércio Exterior/ Consultora de Beleza Independente Mary Kay do Brasil

Com toda certeza, foi a melhor coisa que decidi fazer, com toda certeza, irá contribuir para que um dos meus sonhos se realize, que é de ser um grande palestrante e de ajudar a melhorar a vida das pessoas.

Stephan Gabriel O. de M. P. e Silva – Sonho em ser um palestrante motivacional e também de marketing e publicidade

Os cursos foram de grande valor para mim, me ajudaram a me conhecer, com isso aprendi a controlar melhor as minhas emoções, aprendi como um verdadeiro líder deve ser, e contribuiu para eu estar em um emprego melhor hoje, e estou aprendendo como devemos falar em público e tenho certeza que vai me ajudar a desenvolver uma fala melhor e consequentemente todos os outros aspectos da minha vida. Grata por ter conhecido esse projeto maravilhoso.

Ketelen Dias Santos – Encarregada de Departamento Pessoal em uma empresa de contabilidade

Uma palavra resume todos os cursos de que já participei: GRATIDÃO. Toda a minha evolução pessoal depende diretamente de todas as palestras que participei. Poderia ficar aqui falando horas e horas que ainda seria pouco para expressar tudo o que vivi com cada palestra ministrada, e colocar em prática no meu dia a dia tudo o que absorvi. Isso que tento fazer todos os dias. Só tenho a agradecer cada palavra, cada gesto, cada dica que levo e levarei para a vida! Posso dizer que antes eu era uma pessoa, hoje sou outra. A transformação realmente ocorreu na minha vida. Obrigada!

Não identificado

Pude compreender que o sucesso ou fracasso de uma pessoa baseia-se no seu autoconhecimento e na inteligência emocional. E que não existe uma vida sem problemas, eles sempre existirão, a questão é como cada um lida com eles. E neste curso aprendi como lidar da melhor forma possível com esses desafios. Tudo coordenado brilhantemente pelo Professor Francisney, que consegue transmitir todo o seu conhecimento nesta área de forma simples e fácil de assimilar. Este curso superou as minhas expectativas e recomendo a todos que tiverem a oportunidade para realizá-lo! Impressionante como pequenas mudanças de atitude são capazes de mover montanhas, basta a gente querer! Obrigada pela experiência maravilhosa!

Mirian Alvoryna Ferraz Oliveira

Os cursos são fantásticos, com profissionais altamente gabaritados, o tempo na sala de aula passa muito rápido, pois os professores são extremamente dinâmicos. Os exemplos e vivências das experiências de cada profissional fazem toda a diferença e prendem a atenção dos alunos.

Consegui tomar decisões de maneira segura e assertiva após o curso de Inteligência Emocional. O curso de Oratória me proporcionou maior segurança para conduzir reuniões, o que eu realmente estava em busca. Através de conversas com alguns colegas no curso, pude perceber que o projeto é um divisor de águas nas vidas das pessoas que participam.

Adriana Rodrigues

Muito satisfeita com o curso. Feliz com a empatia, o carinho e a doação que todos os palestrantes têm. Não só um bom conteúdo como uma boa energia transmitida.

Mônica Gabriella Toledo Vezaro

O curso ajudou-me a falar com mais desenvoltura ao ensinar técnicas para falar com o público em geral (poucas ou muitas pessoas). Antes de saber o que falar, é essencial que saibamos entender o contexto da pergunta e escutar ativamente o que o outro tem a nos dizer de forma verbal ou não verbal. Saber que outras pessoas também passam pela mesma dificuldade faz com que essa "vulnerabilidade" se transforme em oportunidades para desenvolver novas habilidades. Muito agradecida aos professores, colegas e demais envolvidos neste projeto.

Simone Hirata – Administradora efetiva da UFMT, atualmente exercendo a Chefia de Gabinete da Secretaria de Gestão de Pessoas

AGRADECIMENTOS

Em primeiro lugar, agradeço a Deus, o autor, criador e mantenedor da minha vida.

Aos meus saudosos pais, Liberato Siqueira da Cunha e Francisca Batista da Cunha (*in memoriam*).

Aos meus irmãos Frankes Márcio Batista Siqueira, Francioly Marcos Batista Siqueira, Francisley Marcelo Batista Siqueira e Françoises Marcia Batista Siqueira da Cunha Barros, meu laço eterno, os quais, juntos, tivemos força e perseverança para enfrentar as mais difíceis e angustiantes situações desta vida.

As minhas cunhadas e cunhado: Lucimery, Lidiane, Sabrina e Alfredo.

Aos meus sobrinhos Gabriel, Calebe, Nícolas, Clara, Pedro Lucas e Ana Helena.

Aos meus meios-irmãos Adair, Ednir, Magali, Edir, Eranir e Júnia.

A minha namorada Maria Carolina B. Dal'Magro, que me acompanhou neste sonho, além de colaborar com os detalhes textuais.

Aos meus amigos e, em especial, Rubens Ribeiro (revisão textual), Luzineide Novais (revisão textual), Osiel Mendes de Oliveira, Leonardo Paes de Barros e Paulo César Campos.

A todos os meus alunos e ex-alunos das faculdades, das pós-graduações, cursinhos preparatórios para concursos públicos, treinamento de servidores públicos, congressistas e aos participantes do Projeto Social Inteligência Emocional.

PROJETO SOCIAL INTELIGÊNCIA EMOCIONAL

Cursos 2020

Qtd.	Mês	Dias	Temporada	Curso
1	Fevereiro	10, 11 e 17	4ª	Oratória
2	Março	22	7ª	*Desafio Fitness*
3	Abril	27, 28 e 29	**1ª**	**Gestão da Emoção**
4	Maio	25, 26 e 27	2ª	Inteligência Financeira
5	Junho	07	3ª	Inteligência Emocional KIDS
6	Junho	28	8ª	*Desafio Fitness*
7	Julho	20, 21 e 27	**1ª**	**PNL – Programação neurolinguística**
8	Agosto	23	9ª	*Desafio Fitness*
9	Setembro	13	4ª	Inteligência Emocional KIDS
10	Setembro	21, 22 e 28	3ª	Alta Performance
11	Outubro	19, 20 e 26	5ª	Oratória
12	Novembro	22	10ª	*Desafio Fitness*
13	Dezembro	07, 14 e 15	**1ª**	**Foco, Gestão do Tempo e Produtividade**

Faça já a sua inscrição pelo site www.francisney.com.br

EDITORA IMPETUS

Rua Alexandre Moura, 51
24210-200 – Gragoatá – Niterói – RJ
Telefax: (21) 2621-7007

www.impetus.com.br

Esta obra foi impressa em papel pólen 90 gr/m^2.